Christel Bethke
Momentaufnahmen

Christel Bethke

Momentaufnahmen

Gedankensplitter II

Bibliografische Information der Deutschen Nationalbibliothek
Die Deutsche Nationalbibliothek verzeichnet diese Publikation in
der Deutschen Nationalbibliografie; detaillierte bibliografische Daten
sind im Internet über http://dnb.d-nb.de abrufbar.

1. Auflage 2018

Umschlaggestaltung: Roland Poferl Print-Design, Köln
Layout: Verlagsservice Monika Rohde, Leipzig
Produktion: VMR, Leipzig
Herstellung und Verlag: BoD – Books on Demand, Norderstedt

ISBN 978-3752858082

Inhalt

Das Fest der Feste 9
Jetzt, wo ich alle begraben habe 10
Tische in meinem Leben 11
Warum diese Qual 12
Heute hatte ich mich verschätzt 13
Lieber einen gebrannten Kräutermix 14
Wie viel Küche braucht der Mensch? 15
Überredet leerte das Kind 16
An ihren Abfällen 16
Bei mir wurde immer gekocht 16
Doppelt hält besser 17
Jeder people ist ein Rezept Gottes 18
Alle Tage ein Fest 19
Wo sind die sieben 20
Stichtag 21
Entweder oder 22
Ist der vollgestopfte Mund 22
Gedanken beim Kochen 23
In meinem Kopf ist ein Fluss 24
Wer sich für'n Pfannkuchen ausgibt 24
Millionär sein 24
Ich liebe diese winterlichen Gemüse 25
Ganz vorsichtig 26
Kurz vor dem 86. 26
Zelle 89 1942 27
Die alte Elise erzählte, dass 28
Kein Verlass auf die Köchin 28
Ich spiele Mutter Theresa 29
Für Ruth 2016 30
Der deutsche Verbraucher 31
Sprüche 32
Traum 5/6 August 2016 33
Mein Sohn zum Rückenwind 34

Auch das noch! 35
Heute Dr. Schiwago auf dem Radweg 36
Manchmal muss über den Tellerrand 37
Ich verlasse das Museum. 38
Und immer noch der Versuch 39
Endlich verstanden 39
Könnte nicht jeder Mensch 40
Vom Duft des Lebens 41
Schmetterlinge 3 Tage nach dem „Gespräch" 46
24. Juni 2016 47
Ohne Erziehung 48
Ich bin. Aber ich habe mich nicht 48
Froh zu sein bedarf es wenig 49
Einer wird gewinnen, hieß eine Sendung 50
Sich negativ erbauen 51
Termin bei der Bank. Ich! 52
Nichts wüsste ich 53
Sammelte nicht nur Beeren 55
Ich bekomme Post 55
Momentaufnahmen 56
Komme vom Haareschneiden nach Hause 57
Geheimnisvoller Ort 58
Wir ziehen um 59
Was ist passiert? 60
Lebensqualität 62
Am besten gefällt mir Besuch. 63
Ich habe Lesestoff gesammelt 63
Vielleicht wird „Rosinenpicker" 64
Denkanstoß 65
Der siebente Sinn hieß eine gute Sendung 66
Das Brot von gestern 66
Was für ein schöner Abgang 67
Misstrauische Alte 68
Aus heutiger Sicht 69
Immer noch Hochzeitstag 70

Auch mutig 71
Wir alle werden irr geboren 72
NWZ 16. Januar 2017 73
2. August 2017 75
Nachhall 77
Augustapfel, oder auch Klarapfel genannt 78
ZITIERT 79
Wenn ich zu Hanna kam, ... 79
Diese Zwangsverurteilung durch Unwetter 80
Mein Schneider lobt den Stoff der alten Hose 80
Traum-Fabrik 81
„Im 20. Jahrhundert" 82
In einem Traum in dritter Nacht 83
Mein Kurzzeitgedächtnis 84
Es gab mal eine Zeit 84
Vom sparsamen Kochen 84
25. Juni 2017 85
Es regnet den ganzen Tag 87
Heute durchbrach etwas eine Verzagtheit 87
Für meine Großmutter 88
Methode Coue 90
Steht das Rezept auch in *Karo einfach* 92
Fremderzeugnis 92
Der einzige Mensch, der heute 93
Für meinen Bruder Hans 94
„Zu verschenken", steht auf dem Karton 94
Greif in die Saiten 96
24. Dezember 2016 96
Danke für gestern 97
Und manchmal musste es Maggi sein 98
Es muss doch Liebe gewesen sein 100
Wir Armen 102
Jahreswechsel 16/17 103
4. Januar 2017 104
Mir kommt ein Fetzen 106

Seitenverkehrt 106
Wieder mal geschafft 107
Matt oder glänzend 108
Fifty-fifty 109
Immer wieder, jedes Jahr 110
Nur für kurze Zeit 110
Altersdepression 111
Der Bundestag erhob sich 111
Wie weit wir schon voneinander entfernt sind . . . 112
Meine Vergangenheit. 112
16. Januar 2017 113
Außen vor 114
Hitlers Mädchen 118
Runter vom Rad und gesprochen 119
Ist das Gott? 121
4. Januar 2018 122
Theater 123

Das Fest der Feste

ist nicht die Hochzeit,
nicht die Taufe,
sind nicht die Geburtstage,
auch die Beerdigungen nicht.
Ein Fest muss geboren werden,
die Lust darauf entsteht im Kopf,
überschwemmt dich mit Ideen.

Und wunderbar,
wenn alles passt
und die „Musik hier spielt",
wie der von der Weltumkreisung
Zurückkehrende
zu seiner Frau sagte,
als der Zug in Hude hielt,
zwei Stationen vor meinem Ankunftsbahnhof.

Selten, dann aber als Geschenk
in deiner Erinnerung, taucht es auf,
das Fest deines Lebens.
Du, ich habe es ausgerichtet.
Wie das geht.
Erzähle ich noch.

Jetzt, wo ich alle begraben habe

und begreife,
ohne sie wär ich nicht hier, „wo ich stehe",
nähere ich mich ihnen an
und sitze – wie Miss Sophie – allein
am Tisch und bitte um Vergebung,
wenn mal etwas angebrannt war,
wenn das Servierte nicht ihrem Geschmack
entsprach, und wünsche Prost Mahlzeit.

Heute gibt es nur Milchreis, Hauptgericht
und Nachtisch in einem.
Muss auch mal sein.

„Gibt es keine Vögel mehr?"
„Du hörst nur schwer."

Tische in meinem Leben

Omas in Gerdauen, Wachstuch, wenig drauf, obgleich mehr möglich gewesen wäre.

Holztisch nach der Flucht, dem schon etwas zum Feueranmachen abging. Darüber hing die Decke, umfunktioniert von einem blau karierten Bettbezug.

Tisch zum Ausziehen, Kirschholz, wegen möglicher Taufen, Verlobungen, Geburtstage, Konfirmationen, Feste allgemeiner Art.

„Und die Mutter blickte stumm auf dem ganzen Tisch herum."

Tisch in der Fabrik, schäbig geworden durch immer gleiche Benutzung mit Scheren, aber „es schmeckte", wenn man seinen Blechtopf mittags öffnete und das Mitgebrachte verzehrte.

Mein letzter Tisch gefällt mir am besten: er ist quadratisch, schweres, helles Holz, weil ich die Kante zum Auflegen der Unterarme brauche, bei dieser und jener Tätigkeit. „Nimm die Arme vom Tisch!" gilt hier nicht mehr. Auch das ist sehr gut so.

Warum diese Qual

frage ich mich
bei Isoldes Liebestod,
der aus dem Radio übertragen wird.
Das nimmt und nimmt kein Ende.
Mensch Isolde, sage ich laut,
lass deinen Tristan,
lass die Liebe, die in den Tod führt,
suche die, die durch den Magen geht!
Hast du ihm schon mal was gekocht?

Es gab Zeiten,
da saß ich auch wie sie unglücklich
bis zum Gehtnichtmehr,
nicht essen könnend, nicht trinken,
lieber tot als lebendig sein,
in der Küche auf dem Stuhl am Fenster.

Blöd, schön blöd.
Raff dich, stell erst einmal Kartoffeln auf,
schenk dir einen ein
und wenn keiner da ist, der „mit dir trinkt,
der mit dir singt",
einen zweiten und du wirst sehen,
wenn du die kalte Butter
in Scheibchen auf die warme Kartoffel legst,
etwas mit Salz bestreust,
wie die Lebensgeister steigen.

Der kleine Balkon in Florenz, im winzigen Innen-
    hof, wo sich das Drama abgespielt haben soll,
vergiss ihn.
Ruhm und Applaus
dem Mut zum Nichts.

Heute hatte ich mich verschätzt

Es war einer dieser neun Sommertage,
die der März angeblich haben soll,
volle Sonne, aber kühl.
Da wurden es mehr als dreißig Kilometer,
und erst als sich der Gegenwind
auf der Rücktour in Rückenwind verkehrte,
ging es wie geschmiert.
Ich würde gerne, so gerne, die letzten
Lebenskilometerchen noch mal rückwärts
fahren dürfen.

Lieber einen gebrannten Kräutermix

als einen Mix aus Pillen.

„Und jetzt gehen wir einen scharfen Cognac trinken", sagt meine demente, kluge Frau Agathe, einen Tag vor ihrem Tod im Heim.

Versagt, ich, wie so oft. Warum brachte ich keinen mit?

Weil man das nicht macht, einem diese Welt Verlassenden etwas zum Trinken mitzubringen. Dabei war das ein Lebenselixier, denn sie konnte damit umgehen!

Den Gewünschten goss ich dann auf ihr Grab.

Immer noch eine Stelle, wo ich haltmache, wenn ich von Tour kommend nach Hause fahre.

Prost, Frau Agathe.

Wie viel Küche braucht der Mensch?

Einer von den großen Russen hat die Geschichte geschrieben, wie viel Erde braucht der Mensch.

Ein Mensch wird in Versuchung geführt, darf sich bis zum Sonnenuntergang das Land aussuchen, das er als Geschenk erhalten soll.

Aber wie das eben so mit uns ist, er rennt und rennt, meint, noch dieses Stückchen Wald, diese Wiese noch und weil die Sonne noch ein Stück über dem Horizont steht, gewagt, und noch etwas ins Auge gefasst, das aber war zu viel.

Als die Sonne untergeht, liegt er mit ausgebreiteten Armen auf der Erde und hat seinen Geist aufgegeben. Der Stress war ihm nicht bekommen.

Ich bin auch so gerannt und der Atem ging mir schon aus, aber irgendein Lebenspilot stellte die Richtung ein.

Überredet leerte das Kind
den gelben Teller
mit dem grünen Rand,
bis das Huhn auf dem Boden
sichtbar wurde.
„Noch einen Löffel für den Papa,
einen für die Mutti, einen für …"
Eine sanftere Form von
der Teller muss leer!

An ihren Abfällen
erkenne ich,
was ihnen fehlt.

Bei mir wurde immer gekocht
Der einzige Halt
in haltloser Zeit
zeitigte auch Erfolg(-serlebnis).

16

Doppelt hält besser

Wollen wir was zusammen unternehmen, paar Tage irgendwohin?

Je älter ich werde, desto schwerer kann ich die Frage beantworten, denn mir fehlt, wenn ich nicht hier sein kann, das hiesige Leben während dieser Zeit.

So wie ich immer noch nach siebzig Jahren den gewaltsamen Bruch durch die Flucht nicht akzeptieren kann.

Unser Leben lief dort, es war so ausgerichtet und auf einmal bin ich ausgesetzt: Wind, Wetter, Eis und Schnee, Fremde.

Weiß Gott, ich habe das noch immer nicht verarbeitet und mir ist es nicht recht begreiflich, dass es welche gibt, die immer unterwegs sein müssen.

Ich habe dort nie gekocht, nicht die Zutaten für einen Eintopf aus dem Garten geholt, der uns gehörte, die Kartoffeln, die mit aufgeplatzter Schale weiß „wie Alabaster" durchschimmerten, in eine Schüssel getan.

Niemals die Äpfel gekocht, nie die Spillen geerntet, die in Mengen runtergefallen waren und die Bienen anzogen, den Klarapfel, der zuletzt gepflanzt worden, zusammen mit einem Leberwurstbrot genossen. Weil ich immer nur eines kann zurzeit.

Jeder people ist ein Rezept Gottes

bestehend aus Grundmaterien
und nun sieh zu, was du daraus machst.
Lass nichts anbrennen,
halte die Flamme aber auch nicht zu klein.
Beklecker dich nicht,
Pass auf, dass nichts sauer wird,
achte auf Sauberkeit,
außen und innen, binde dir ruhig eine Schürze um.

Bekoche nur solche, die es wert sind, dir,
denen wird es auch schmecken.
Erfahrung macht den Meister,
der auch ohne Stern „leben" kann.
Adam und Eva hatten es auch nicht drauf,
wer hat wem die Suppe versalzen,
sie ihm oder er ihr?
Leben im Paradies und wissen es nicht.
Wir schon, Entwicklung nennt man das!

Alle Tage ein Fest

Heute ist es spät,
als ich auf dem Heimweg bin.
Angst habe ich nicht,
es gibt Licht in Fülle.
Alles hell erleuchtet.
Netto und Rewe strahlen bis 24.00 Uhr.
Ich brauche nichts,
aber es treibt mich in den Laden,
drehe meine Runde um die Regale,
nehme zwei Brötchen
zum Aufbacken für morgen früh mit.
Der Laden „brummt", alles junge Leute,
die Pizzen, Früchte, Wein, Zigaretten
auf das Laufband legen, aber es wird
auch gekocht, wie ich sehe: Nudeln,
Tomaten in der Dose, Käse.
Ein Pärchen, das sich ungeniert küsst,
tolle Frisuren, tolle Zeit,
etwas uniform, findet die Alte, und denkt, wie
gut die das heute haben,
keine scheelen Blicke,
„Damenbesuch nicht gestattet"
und wenn morgens statt einem Rad
vier vor der Tür stehen,
„kein Problem". Alle Tage ein Fest.
Kann das gut gehen,
verflachen die Feste nicht dabei?

Wo sind die sieben

Kleider geblieben,
der Zwiebel?
Wenn man sie auszog,
musste man weinen.
Wo die dicken Schalen
der Kartoffeln,
die so dünn geworden,
dass sie kaum noch abzupellen gehen.
Wo sind die Fische,
kaum einer von ihnen
hatte in der Pfanne Platz.
Heute passen drei von ihnen rein.
Wo ist der Duft der Äpfel,
der der süßen Möhren
und der Geruch von warmem Mist?
Wo ...
Sei ruhig, mecker hier nicht rum!
Sei froh, dass du es so gut hast.
Bin ich ja auch,
aber der Gestank der Gülle,
der alle Frühjahrsdüfte
übertönt ...
Ja, ja, du hast ja recht,
aber „damit kann man doch leben",
sagt der Nachbar, den anscheinend nichts
zu stören vermag.

Im Märzen der Bauer die Gülle ausfährt.

Stichtag

Ich werde gebeten,
einen Brief in den Kasten zu werfen,
der Absender kann es nicht selbst tun,
weil er behindert ist.
„Stichtag" ist als Notiz
mit einer Heftklammer daran befestigt.
Toll finde ich das
und ich wünschte mir,
dass auch meine Fest-Geburtstagspost
am Stichtag ankommen würde.
Weihnachtsmänner im September,
Osterhasen im Januar,
alles Pelemele bei uns.
Da ging etwas verloren:
sich einstellen auf den anderen,
seinetwegen den Gang zur Post,
nicht, weil es für mich so bequemer ist,
vier Wochen vorher, „es passte gerade".

Irgendwo steht:
Der Liebende ist immer auf der Suche
nach freundlichen Handlungen.

Das passt doch immer, oder?

Entweder oder

Weil ich den Mund beim Essen
immer voll haben muss
wie ein Hamster,
esse ich am liebsten allein.

Arbeitsessen (wie es sie heute auch bei den Politi-
kern gibt) wären mir ein Gräuel, „das geht doch
gar nicht" (Merkel in der Abhörsache) beides zu-
sammen, entweder arbeiten oder essen.

In den Fünfzigerjahren,
Stundenlohn 48 Pfennige bei Kremmin,
in der Fabrik:
„Während der Arbeit wird nicht gegessen!"
„Aber ich habe ja nur ein Bonbon
in den Mund gesteckt."
„Dazu muss auch die Hand an den Mund geführt
    werden. Also unterlassen Sie das."
Wir kuschten.

Ist der vollgestopfte Mund

eventuell Spätfolge, die Angst, nicht satt zu werden,
die mich zwingt, mir schnell noch etwas einzuver-
leiben?
    Wenn, dann habe ich die Gefahr erkannt und ge-
bannt, indem ich ganz bewusst die vollen Backen
genieße.

Gedanken beim Kochen

Immer wieder Texte, die mein Verstand nicht versteht, die mir aber ganz besonders gefallen, weil der Mensch nicht alles verstehen muss.

Plötzlich, ein Gedankenblitz – Kafka! Vor dem Gesetz: der Alte, der auf Eintritt wartet, vor einer Tür, vom Türhüter sofort zurückgeholt, sobald er eintreten will.

So vergeht das Leben und er fragt sich, warum in all den Jahren niemand anderes durch diese Tür ging.

Als es mit ihm zu Ende geht, fragt er den Türmenschen danach und der antwortet ihm: „Dieser Eingang war nur für dich bestimmt. Ich gehe jetzt und schließe ihn."

Menschenskind! Gott sei Dank steht von meiner Tür noch ein Spalt offen. Stelle den Fuß dazwischen.

In meinem Kopf ist ein Fluss

dem ich folgen muss,
auf ganz einfache Weise,
und ziemlich leise,
sollte das Leben verlaufen.
Das Beste kann man nicht kaufen,
das bekommt man geschenkt.

Wer sich für'n Pfannkuchen ausgibt
wird für'n Pfannkuchen gegessen.

Ich bin ein solcher,
der für andere immer das Richtige weiß,
nur für mich selbst fehlt
mir noch das Rezept.
Da muss mehr Gewürz ran,
mehr Power.

Millionär sein
tun wie'n armes Schwein
ist gemein
dem Armen gegenüber,
lass es lieber.

Ich liebe diese winterlichen Gemüse

dann riecht es so ein bisschen wie zu Hause
in Gerdauen oder Barten,
kann ich das arm-selig nennen?
Vielleicht, aber nicht im negativen Sinne.
Omas Topf auf dem Herd, aus dem erst die Ringe
mit einem Haken genommen wurden
um den Topf auf „Feuer setzen" zu können.
Meistens Eintopf,
der schön dicklich auf den Teller kam,
denn Suppen wurden generell
bei leicht geöffnetem Deckel geköchelt.
Die Fenster in der Küche
waren im Winter immer beschlagen,
und das war der Grund,
warum sich über Nacht
die herrlichen Eisblumen bildeten.

Ganz vorsichtig

öffne ich den Briefkasten,
damit die Flut der Antworten,
die ich auf meine Post hin erwarte,
sich nicht auf den Fußboden ergießt.
Und? Nothing.
Enttäuschung und Erleichterung
halten sich die Waage.

Kurz vor dem 86.

ändert sich mein Rhythmus,
wenn ich um halb sechs frühstücke,
darf ich doch wohl um elf zu Mittag essen
und um fünf zu Abend, oder nicht?
Deshalb, genau deshalb
passe ich in kein Heim
und meine Moneten ohnehin nicht.
Pass auf dich auf, Mensch!

Zelle 89   1942

„Ein schöne Mahlzeit" nennt Viktor Klemperer das
Stück Brot, aufgeweicht im Blechtopf, den er zum
Zähneputzen und Rasieren ebenfalls benutzen
muss, auch kommt der Schlag Brei rein, alles ohne
den Topf auswaschen zu können. Und, fügt er noch
hinzu, das hätte er oft nicht einmal zu Hause. Er
muss noch froh sein, nicht getötet zu werden, denn
auf schlechte Verdunkelung steht Todesstrafe.
Jemand hatte ihn angezeigt.
   Es liegt meines Erachtens an dieser wahnsinnigen
Zeit, dass wir „Kriegskinder" so sorgfältig mit Le-
bensmitteln umgehen müssen – und mit dieser un-
endlichen Vervielfältigung von allem, was das tägli-
che Leben ausmacht, ins Schleudern kommen, wenn
man sich nicht selbst eine Grenze setzen kann.

Vielleicht muss man in seiner Kindheit
aus Not über Stoppeln barfuß gegangen sein,
um das Gespür und die Dankbarkeit entwickeln zu
können, für das Leben schlechthin.

Die alte Elise erzählte, dass, wenn ihr Vater
am Abend erschöpft aus dem Krankenhaus kam,
wo er als Arzt tätig war, schickte er oft
eines seiner Kinder in die Küche
nach einem Kochbuch.
Das entspannte ihn am besten,
wusste sie zu berichten,
nicht, um daraus bekocht zu werden,
das nicht. Einfach nur um abzuschalten.
Es gab vor fast hundert Jahren kaum Bilder
in den Kochbüchern, man musste sich das bildlich
im Kopf vorstellen können, vielleicht war das
entspannend, denke ich mir.

Kein Verlass auf die Köchin
wenn sie sagt,
es gibt dies und das,
gibt es von ganz anderem was.
So ist ihre Natur,
aber alle noch immer satt geworden,
auch in miesen Zeiten.
Das walte Hugo.

Ich spiele Mutter Theresa

Wieder mal Trabbel im Haus: Notarzt, Polizei, Krankenwagen. Acht Polizisten, auch weibliche darunter. Man denkt gleich an das Schlimmste: zerbrochenes Glas, eingeschlagene Tür, Blut an der Wand.

Wir Selbstgerechten wissen, dass man sich so nicht verhalten darf. Nach einem Riesenaufwand führen zwei Beamtinnen den betrunkenen Sojanka zum Auto.

Heute treffe ich den Störenfried unten am Rad. „Guten Tag, geht es gut?", fragt er mich.

Mich überfällt der Drang mit ihm zu sprechen und er antwortet so, dass ich mittags an seiner Tür läute und Essen bringe. Mehr noch, ich will alles wissen und er gibt Antwort auf meine Fragen.

Wir besprechen uns und ich verspreche, ihn zu besuchen, wenn er die Tagessätze, die er nicht zahlen kann, absitzen wird. Wirklich? Hand drauf.

Manchmal, sage ich Schlaue, kehrt sich Schlimmes auch zum Guten.

Für Ruth 2016

Herkunftsland: „ungeklärt"?
Steht auf dem Formular,
das auszufüllen war.
Nachgefragt.
Es muss jetzt Polen heißen,
nicht Ostpreußen,
wird mir bedeutet.
Wieso das denn?
Also so schnell will ich die Preußen nicht schießen
    lassen. Und erhebe Einspruch.
Keine Chance. Polen muss dort stehen.

Na, denke ich beim Nachhausegehen
Die Polen haben die schönsten Frauen und Mäd-
    chen, rebellieren können sie auch;
einen zweiten Pass brauchst du nicht,
ich bin eine Deutsche, die in Polen geboren ist.
(Oder heißt es wurde?)

Und ihre Küche erst! Bigosch!!
    Ein Gericht, das aus Weiß- und Sauerkraut be-
steht. Jedes Kraut für sich gekocht, das Fleisch in
einem dritten. Wenn alles gar, wird gemischt.

Und es entsteht – mit dem dazu nötigen „Wässer-
chen" (immer beim Anstoßen den Trinkspruch
nicht vergessen, auf die Liebe, auf die Freundschaft,
auf das Vaterland, auf die Heimat, ohne den gilt es
als Saufen, mit Trinkspruch als trinken) – Verbun-
denheit.

Mal Ruth fragen, ob sie,
die zur deutschen Minderheit
in Polen gehörte, mich damit bewirten will.
Ruth, ich bringe das „Wässerchen" mit.

„Der deutsche Verbraucher

erwartet das und das."
Und was erwartet er?
Mich hat keiner gefragt,
was ich erwarte und hoffe,
dass ich alle Erwartungen erfüllen kann.

Sprüche

Man wird sich seiner Gedanken klarer,
wenn man sie einem anderen
klarzumachen versucht.

Mir gefiel immer der Begriff vom Selfmademan.
Wo ist der geblieben?
Müsste neu aufgelegt werden
und die Selfmadewoman dazukommen.

Als ich vor fünfzig Jahren krank wurde,
war die kleine Nachtmusik
nicht mehr groß genug.

Was mir Köstlichkeit ist,
ist es anderen längst nicht.

Traum 5/6 August 2016

Ich will einen Bach überqueren – klares Wasser, Leichtigkeit, Trittmöglichkeiten, die ich nutzen kann.

Das Wasser fließt träge in einen großen See, rechts von mir.

Ich habe den Stock mit, also vorwärts, es geht und macht auch nichts, dass ich einen Tritt verfehle und ins Fließende komme.

Immer noch Vertrauen, auch als ich den Sog bemerke, der im Fließen ist. Ich kann ja schwimmen.

Jetzt liege ich schon ganz und gar und treibe in den See. Und immer noch denke ich, wenn ich den Stock zu Hilfe nehme, komme ich ganz leicht wieder ans Ufer.

Gleichzeitig denke ich, wie leicht es wäre, sich jetzt treiben zu lassen. Ich habe ein Kleid an, das nicht schwer an mir hängt, es fließt wie das Wasser.

Als ich mich dem Ziehen des Wassers überlassen will, wache ich auf. Das war ein bisschen Tod, denke ich.

„Kommt so der Tod, so ist es gut." W.W.

Mein Sohn zum Rückenwind

man muss dich kennen,
um vieles daraus zu verstehen.
Nachdenken.
Die mir Notwendigsten
lernte ich durch Bücher kennen.
Vielleicht will ja jemand mich kennenlernen?

Als mir sein Umgang als Kind nicht gefiel:
Such dir doch jemand, von dem du lernen kannst.
Er, zehnjährig, aber das bin ja ich für ihn.
Na, noch ist Polen nicht verloren!

Auch das noch!

Blitzartige Ahnung
von dem, was fehlte:
Sexualität.
Normale Befriedigung
einer normalen Frau.
Etwas, was vor Zeiten möglich gewesen wäre,
klang an,
kurz nur,
reichte aber aus,
um mir dieses zu notieren,
und Goethe hätte durchaus kein Thema
sein müssen.

„Nun bin ich alt, nun bin ich alt,
aber mein Herz ist noch immer nicht kalt …“
letzte Strophe von „Rosemarie, Rosemarie
Sie-hie-ben Jahre mein Herz nach dir schrie …“

Die sie-hie-ben Jahre waren schon immer mein, da-
nach muss sich „alles, alles wenden“. Tat es auch
bei näherer Durchforstung meines Lebenslaufes.

Heute Dr. Schiwago auf dem Radweg

Filzpantoffeln, Stoffhose und gebügeltes Hemd, vor dem Palast, den sein Sohn hier gebaut hat, und der seine Eltern nachkommen ließ.

Wird es gehen, alle unter einem Dach?

Er wiegt den Kopf und meint: Man wird sehen, erst vier Wochen hier.

Frau und Schwiegertochter?

Weiß man auch nicht, noch nicht, aber sie ist schon alt, dreiundsiebzig, und geht nur mit Gehwagen.

Er legt seine Hand auf meinen Lenker. Er hatte Ähnlichkeit mit Boris Pasternak und deshalb stieg ich ab.

Schlimm, dass wir alle so entwurzelt werden.

„… hat Boris Leonidowitsch etwas geschrieben", fragt Lydia Tschukowskaja die Achmatowa, die Pasternak in Moskau besucht hat und die erzählt: „Er sagte, er sei in Stimmung gewesen, aber erst hätte Sinaida (seine Frau) ihre Abreise auf die Krim vorbereiten müssen und dann war's mit den Gurken so weit … die Fässer hätten beschafft und ausgebrüht werden müssen."

Ehrenwort, genau so sagte er es. Die Fässer mussten ausgebrüht werden. Warum soll ein Dichter keine Gurkenfässer ausbrühen, denke ich mir so, ein Fass mit Gurken ist zu der Zeit mindestens so wichtig gewesen wie ein Gedicht.

Oder nicht?

Wenn ich meinen Dr. Schiwago noch mal treffe, frage ich den.

Mir ist schon immer aufgefallen, wenn ich beim Russen einkaufe, was für Unmengen Gurken die Leute dort aussuchen und kaufen. Säckeweise. Oma machte sie im Steintopf ein, aber so richtig mochte ich die nie: zu kalt, zu sauer, zu pflaumig. Irgendwas verstand sie nicht, aber der Geruch von dem frischen Dill, der reif mit in die Töpfe kam, war herrlich.

Manchmal muss über den Tellerrand geguckt werden

um zu sehen,
andere kochen auch nur mit Wasser,
während du schon etwas Wein dazu verwendest,
der nicht minderwertiger sein darf
als der, der zum Trinken eingeschenkt wird.

Ich verlasse das Museum

durch die Villa Franksen.
Viel Holz, gebohnert, Parkett,
eingebaute Schränke,
Speiseaufzug von der Küche im Keller
zum Speisezimmer.
Musikzimmer, Nurse, man weiß,
wovon man träumte.

Vom Essen spricht man nicht bei Tisch,
auch von der Köchin nicht.
Die Kinder mit ihrer Erzieherin,
am unteren Ende der Tafel.
Wie kam mir das beneidenswert vor!

Im Traum gehe ich leichtfüßig
die glatte Treppe runter,
ohne mich am Handlauf festzuhalten.
„Wir sind nicht hier, um zu essen,
sondern um zu kochen:
Gespeist wird später und zuletzt."

Der Duft, von dem ich wach werde,
kommt von meinem Balkon
und nicht von der Villa:
Bartnelken, und den Text fand ich abends
bei Ernst Bloch.
Noch mal: „Wir sind hier, um zu kochen."

Und immer noch der Versuch

lautlos über den Grenzfluss zu schwimmen.
Aber da ist doch niemand,
der dich im Visier hat
und auf dich zielt.
Also, lass das sein,
du stöberst nur die schlafenden Enten auf.
Als ob du das noch bräuchtest!

Endlich verstanden

minus mal minus ergibt plus
erst Lehrlauf
dann Leerlauf
ergibt zusammen Lebenslauf.

Könnte nicht jeder Mensch

seine „unantastbare Würde"
in besserer Form verteidigen?
Morgens in der Stadt staunte ich,
wer da nicht schon alles saß und aß.
Selbst im Gehen voller Mund
Menschenskind! Das ist doch nicht gesund.
Was geht's dich an.
Viel, weil ich mich gekränkt fühle,
dass ich noch schlecht vertreten werde
durch diese Spezies, die so (über)gewichtig ist.
Fremdschämen nennt man das.

Vom Duft des Lebens

Ich rieche Menschenfleisch, so Polyphem in seiner Höhle. Ob er das heute noch könnte in einer Zeit künstlicher Düfte und Aromen? Alles clean.

Tosca, Uraltlavendel und 4711 Kölnisch Wasser wurden und werden immer noch mit alten Leuten in Verbindung gebracht, genauer gesagt: „Es riecht etwas muffig, nach alten Tanten." Dem macht eine Studie jetzt ein Ende. Sie heißt der Duft des Lebens.

„Die Lebensjahre eines Menschen stecken im Schweiß und in den Talgdrüsen. Nun ja, eher ein Geruch, der sich unter verschwitzten Achseln bildet." Wissenschaftler starteten eine Studie und ließen Probanden Geruchsproben von Menschen verschiedener Altersgruppen schnuppern. Sie ließen 20–30-Jährige, 45–55-Jährige sowie Menschen im Alter von 75–95 Jahren jeweils fünf Tage ein einziges T-Shirt tragen, unter den Achseln Stilleinlagen angebracht, die Schweiß, Talg und Körpergeruch aufnahmen. Anschließend wurden die Proben luftdicht verpackt und den Probanden zur Begutachtung vorgelegt. Das Ergebnis ergab, der Geruch der alten Menschen wurde als weniger unangenehm empfunden als der jungen Teilnehmer.

Also Schluss mit dem Muff von hundert Jahren! Eine Beobachtung, die ich nicht nur an mir mache und gemacht habe.

Hitler, um den hier zu zitieren, bemerkte bei seinen Tischgesprächen, er hätte in jungen Jahren bei seinen Reden unglaublich geschwitzt und seine Wäsche wäre zum Auswringen gewesen. Das änderte sich, als er zum Vegetarier wurde. Bemerkenswert.

Vor einigen Tagen wurde bei einer Buchvorstellung eines erwähnt, von dem mir nur unterschwellig der Titel in Erinnerung blieb. Etwas mit dem Geruch von Häusern, die verschwunden oder so ähnlich, woraufhin mein Gedankenkarussell zu routieren begann und mir kamen sofort die Gerüche der Häuser in die Nase, in denen ich einst verkehrt. Natürlich als erstes Omas Haus, erfüllt mit dem Geruch einer ganzen Symphonie: heiße, gekochte, zerquetschte, mit Kleie gemischte Kartoffeln für die Schweine, dazu der Duft, der aus der offenen Speisekammertür kam von Geräuchertem, das unter der Decke dort am Haken hing, Sauerkraut, saure Milch, Soda und grüne Seife, Linden- und Fliederduft, wenn ihre Zeit war, und die gährende Dranktonne, als Deckel ein Brett, auf dem die Brennnesseln und Melde geschnitten wurden. Das frisch gesägte Holz, die Kletten in brütender Sonne, das überreife Obst verfaulend unter den Bäumen. Alles das war in unseren Kleidern und erfüllte das Haus.

Bei K's: Kaffeeduft und der Geruch von Zigarettenqualm mischte sich mit etwas Undefinierbarem, das aus der Speisekammer kam, wenn sie geöffnet wurde. Wenn ich von dort kam und meine Jacke zu Hause an den Haken auf dem Flur hing, wusste jeder, der auch dort verkehrte, dass ich dort gewesen war. Wenn ich verreist war, wieder zu Hause, meine Tasche abstellte und auszupacken begann, verbreitete sich bald der fremde Geruch, den ich mitgebracht hatte, und ich denke, würde man mir Geruchsproben vorlegen von Wohnungen, in denen ich mal gelebt oder in mir vertrauten, ich würde sie richtig benennen können.

Die Sachen aus dem Waldhaus von H. B. müssen, weil sie ihren Geruch niemals verlieren, in die Waschmaschine.

Ich erbe ein paar neue, tolle Lederhandschuhe, original verpackt. Wie für mich gemacht und ich beschließe, sie fürs Rad zu nehmen. Wieder zu Hause, stört mich was. Etwas riecht. Ich schnüffel, berieche alles misstrauisch, suche in der ganzen Wohnung die Geruchsquelle. Mal riecht es weniger, mal stärker. Meine Güte, was ist das bloß! Mir unbekannt und doch irgendwie vertraut. Ich gehe mich kämmen und was ist? Meine Hände riechen so. Aber wieso denn? Bis mir die Handschuhe einfallen und die Wohnung, deren Besitzerin schon längst gestorben ist.

„Ich kann ihn nicht mehr riechen", wird auch gesagt, wenn einem einer nicht gefällt. Stimmt. Wenn man mit 55 Jahren immer noch die alten Anzüge und den Paletot des verstorbenen Vaters trägt, des „alten Herrn", wäre das vielleicht nachdenkenswert, denke ich.

Als Kinder taten wir manchmal etwas, was mir bei dieser Studie in den Sinn kommt. Wir rieben mit einer Hand so lange in der Armbeuge des anderen Armes, bis sie heiß wurde und einen Geruch produzierte, den wir einschnupperten. Wenn ich mich als Kind unglücklich fühlte, verbarg ich meinen Kopf im gebeugten Arm und roch an mir. Seltsame Geschichten.

Ein Geruch, den ich mochte, war der des Schusters, der unter seinem Tisch ein Fass stehen hatte, in dem das Leder eingeweicht war. Auch liebte ich den Geruch, der aus den kleinen Gefäßen stieg, die auf dem Werktisch meines Vaters standen, in denen die kleinen Rädchen ein Bad bekamen, die aus den zu reparierenden Uhren stammten. Benzin (Waschbenzin?), glaube ich und Bananenöl. Ich, die erste Schnüfflerin.

Bei Erika duftete die ganze Wohnung nach Weichspüler, der damals aufkam, sogar die Kartoffeln schmeckten danach, weil sie immer ein frisches Tuch zwischen Deckel und Topf legte, wenn sie gar und „abdämpfen" mussten.

Um festzustellen, ob der Briefträger schon da gewesen war, musste man nicht erst die ganze Treppe runter. Der Geruch seines Nyltesthemdes hielt sich mindestens zwei Stunden im Treppenhaus.

Wenn Wäschewechsel war, wurde erst jedes Stück berochen. Mach ich heute noch manchmal (igittigittigitt!).

Unweigerlich stellt sich für mich der sommerliche Geruch der Straßburger Küche ein. In einem Haus aus dem 13. Jahrhundert, gemauerter Spülstein, Ziegelsteine der Fußboden, Mönche hatten früher da oben auf einem überdachten Altan Schweine gehalten.

Die Räume so winzig und die Wände so dick, dass verborgene Schränke in ihnen möglich wurden und das alles, wenn man über hundert Stufen in einer Spirale ging, sich an einem Tau haltend, das frei von oben herunterhing, ein eingemauerter Handlauf an der anderen Seite. 800 Jahre rochen und dufteten hier und davon ist in meiner Erinnerung nur Kühle, Frische und Sauberkeit geblieben. Ist das nicht beruhigend, dass auch die Vergangenheit nicht mehr so streng riecht und zum Duft wird?

Heute Morgen frage ich mich noch, ob mein Leben normal sei, immer der gleiche Ablauf des Tages seit Jahrzehnten, die sommerliche Wiederkehr der Badegeschichte (heute bin ich im Nebel im See, die Rehe undeutlich nahe), ein Jahr wie das andere in (freiwilliger) Zurückgezogenheit, die aber nicht so gewollt ist.

Jetzt, vier Stunden später, stellt sich die Frage nicht mehr, liebe Frau Rohde, statt dessen rieche ich an meinem benutzten Badekostüm, ob ich es waschen muss oder genügt Ausspülung?

Was für ein wunderbarer Begriff: der Duft vom Leben, den ein Mensch verströmen kann.

Schmetterlinge –
drei Tage nach dem „Gespräch"

Es gibt Dinge,
ja, die gibt es auch,
das sind Schmetterlinge
im Kopf, nicht im Bauch.
Sie sterben schnell.
Es hat noch gar nicht angefangen,
der Tag ist noch hell,
da sind sie schon vergangen.

„Meistens interessieren die Geschichten
nur den Erzähler selbst."
E. Bloch

Was er noch sagt:
„Unten rasen die Lastautos, das Telefon
tönt als des Knaben Wunderhorn,
zwölf Stunden Betrieb und nachts
noch Bogenlampen vor den Schlafzimmern."
Die erste Auflage erschien 1930 bei Paul
Cassirer, Berlin. *Spuren*

24. Juni 2016

Um sieben im See:
Misstrauisch sehe ich etwas schwimmen
was aus der Ferne einem menschlichen
Körperteil ähnelt
und denke
wie gut, dass mein Mardersee nicht das Mittelmeer
    ist
mit all den ertrunkenen Flüchtlingen.
Vor vier Wochen verschwand ein ganzer Flieger
    darin!
Mit sechsundsechzig Menschen an Bord.
Versunken, einfach so.
Das Meer ist dort 3000 Meter tief, höre ich.
Näher kommend stellt sich der Körperteil
als ein Stück Plastik heraus.
Eine treibende braune Flasche
nehme ich (in der Badehose) mit an Land
und stelle zu Hause die Kamille rein
die ich unterwegs pflückte.

Ohne Erziehung

ohne Studium
ohne Karriere
ohne zu wissen, was Wissen ist,
unwissend durch das Leben gegangen worden
verwundert alle Tage neu.
Nennt man das Selbstverwirklichung?

„Ich bin. Aber ich habe mich nicht

Darum werden wir erst."
Ernst Bloch in „Spuren"

Es gibt Tage, da weiß ich,
ganz ohne Frage,
am liebsten bin ich bei mir,
wenn ich mich habe.
Ob ich schon geworden bin?
Wann werde ich das wissen
ich bin doch schon bald neunzig!

„Froh zu sein bedarf es wenig,

und wer froh ist, ist ein König."
Was ist das nur auf dieser Welt,
wo alles sich nur dreht ums Geld,
sogar das Krankenhaus will Kasse machen
und passt du nicht auf,
gehst du bald am Stock
oder bist mit einem Rollator unterwegs;
und gehst du in die Ferien,
reicht kaum eine Reisetasche für deine Medika-
  mente aus.
Musst du aber ernsthaft bleiben, im Krankenhaus,
kann es böse enden,
entweder bringen dich resistente Keime um
oder ein Pfleger.
Bist du dennoch entkommen,
hast den nächsten Zug genommen,
geht einer mit dem Beil auf dich los,
oder ein weißes Lastauto fährt dich tot.
Züge sind überhaupt gefährlich,
wenn nur ein Gleis zur gleichen Zeit
sie aufeinander zurasen lässt.
Auch sollte man niemals im PKW
am Stauende stehen,
keine Chance, wenn du unter zwei solcher
Riesentransporter gerätst.
Du fragst mich, in welchem Jahrhundert wir leben?
Im 21., genauer gesagt, Anno Domini 2016

Da bin ich beim gefährlichen Gang übers Haff
den Russen entkommen
und weiß nicht, wie ich es schaff
fröhlich zu sein.

„Verzagt man nicht, es geht auf Ostern",
tröstete Hans-Joachim, wenn man im Januar nicht
„gut drauf" war.

Einer wird gewinnen, hieß eine Sendung
die wir nie versäumten. Kulenkampff gibt den Rat,
als er sein Publikum in die Weihnachtspause ent-
lässt: „Streiten Sie sich gewaltig im Familienkreis,
das befreit ungeheuer", und, jetzt kommt es: „Al-
kohol ist eine wunderbare Sache, man muss nur
damit umgehen können."

Sich negativ erbauen

Themen in den Medien: das unmögliche Verhalten der Verkehrsteilnehmer, wenn sie an einem Unfallort vorbeikommen.

Sie verlangsamen, halten sogar an manchmal, schießen ihre Fotos oder wie das heißt, und stellen sie ins Netz (weil sie vernetzt sind), schneller als die Polizei erlaubt. Ja, was soll man dazu sagen. Sie machen es ja selbst so, rund um die Uhr, auf allen Kanälen. Die Zeitungen sind voll davon, das Radio. Schmerzensgeld müsste man beantragen.

Seit Sonntag kann ich kein weißes Auto mehr sehen, ohne an Nizza denken zu müssen. Wie geht das, steuern und gleichzeitig schießen? War das ein selbstlenkendes Fahrzeug?

Jetzt befürwortet der Staat (bezuschusst?) sie. Autos, die allein fahren können, also beide Hände frei zum Feuern? Jeden Tag geht das, jeden Tag, und jeden Tag was Neues. Und man kann sich nicht enthalten, weil es eben überall und auch in aller Munde ist. Hat man die Leiche des kleinen Jungen vergessen, die die Flut an Land gespült hatte? Die Welt war erschüttert (wird vielleicht das Foto des Jahres werden).

Explosionen ohne Ende, Opfer ohne Ende. Wieder Tote und Verletzte ohne Ende. Da wundert man sich, wenn man nicht schlafen kann? Erschüttert? Ich brauche Schmerzensgeld, wo beantrage ich das? Hilfe.

Termin bei der Bank. Ich!

Das Geld ist fällig
für die Bestattung,
die nicht stattfinden kann,
weil das Leben erst jetzt
so richtig Freude macht.
Die Zeit sein „Haus zu bestellen"
liegt hinter mir.
Alles geregelt nach bestem Wissen und Gewissen.
Das geht so weit, bis sich mein „Goldstück"
bemüßigt fühlt zu fragen:
„Hast du deine Beerdigung schon bezahlt?"
Nein, nein, dafür ist das Geld auf der Bank,
das ich heute für weitere fünf Jahre angelegt habe.
„Vielleicht noch einen Kredit?", fragt mich der
    Bankmensch.

Nichts wüsste ich,

was mich heute hätte glücklicher machen können.

Vor der Tür steht mein Nachbar Robert, in der Hand ein Geschenk, „von Zuhause" mitgebracht. Paprika „im Garten gepflückt", und andere gute Sachen auf einem Holzbrett, was ich beglückt in Empfang nehme.

Auf der Stelle weiß ich, was Heimat bedeutet, nicht die Menschen sind es, es ist das, was anklingt an damals, an früher: Sommer, Beeren suchen gehen, Ähren, Gerüche, der Graben, über dem die Libellen standen, die blauen, die Wiese mit Kletten, die goldene Mätsche vom runtergefallenen Obst, Bienen, vor denen man sich vorsehen musste …

Ich rieche an der Paprika aus dem Garten in Kroatien und weiß, der Ring schließt sich, ich habe nicht umsonst gelebt.

In Schweden, höre ich, gehen sie mit den Kindern in den Wald, es gibt schon Pfifferlinge und Blaubeeren.

Warum nur, frage ich mich, will alles in die Stadt ziehen. Weil hier mehr los ist, mehr Events, mehr Power, mehr kulturelle Unterhaltung und überhaupt mehr Kultur. Mehr Plastik um das Gemüse, fast alles schon vorgekocht.

Ich erinnere mich an die Tage in Slowenien bei Josche und Roza, an ihren kleinen Gemüsegarten mit dem Staketenzaun und dass ich ihn beernten konnte. Was für Genüsse, auf dem Herd, der noch befeuert werden musste, gekocht.

Diese Behaglichkeit, die über allem lag, vielleicht auch etwas Trägheit. Das einfache, das pralle Leben eben, das ist Kultur, damit fing ja alles an, deshalb haben wir unsere Sinne erhalten und nicht um alles zu verwässern und zu verfälschen und es auf die Spitze zu treiben.

Um das Glück vollständig zu machen steht Anastasia, in Sibirien geboren, etwas später an der Tür, in der Hand Gurken, von Mutter aus dem Garten!

Hierher passt der Merkelspruch: „Warum sollten wir jetzt verzagt sein."

Sammelte nicht nur Beeren

und Früchte in der Natur,
zur Befruchtung des Leeren,
sammelte ich auch Stoff in der Literatur,
unbewusst in der Hoffnung,
vorbereitet zu sein,
es verwenden zu können,
bei dem, was mich erwartet,
damit ich versteh, was gestern ich las:
„... die mit Vergangenheit durchwachsene Gegen-
  wart
entwickelt in nicht vorhersagbaren Minuten
frische Triebe vergangener Zeiten."
(Anatoly Naiman)

Ich bekomme Post
„Erfolg weiterhin ..."
wird mir gewünscht
Erfolg?
Habe ich etwas verschlafen?

Momentaufnahmen

Gruß und Kuss in die Vergangenheit.
Fürs Gewesene gibt der Jude nichts,
wurde früher gesagt,
wenn es für etwas zu spät war.

Das Kind ist verstockt,
nein, weiß es heute,
es hatte nur Angst, tödliche Angst.
Unentschuldbar.
Schuldzuweisung unmöglich.
Weil das Unentschuldbare,
entschuldigt werden *muss*.
It's a long way to Tipperary.
It's a long way to go.

Nicht als Siecher abtreten,
lieber als Sieger übers Gewesene
und als Schmetterling aus dem Kokon.

Ich war und blieb ein Sammler
von Worten und Beeren und größerer Frucht.
Zeit, die Ernte einzufahren.
Was heißt „Durchblick", der Herr,
einen Rundumblick wünsche ich mir,
wie eine Eule ihn hat!

Wir machen alle unsere Erfahrungen,
anstatt sie unter den Teppich zu kehren
sie erstmal auf ihm ausbreiten
(vielleicht ein Papierchen unterlegen,
damit er nicht zu schmutzig wird)
aussortieren, was weg kann,
„wir arbeiten daran" oder „denken darüber nach"
über den Rest.
Irgendwie sind wir wortgewaltiger geworden
und dabei auch stumm.
Oder?
Denken wir darüber nach.

Komme vom Haareschneiden nach Hause

Mit dem Handspiegel betrachte ich
im Spiegel über dem Waschbecken
den Schnitt von hinten.
Endlich, mit sechsundachtzig
habe ich die Frisur,
die ich schon immer haben wollte!

Geheimnisvoller Ort

Wie schwer von Begriff ich bin (und immer war),
begriff ich erst heute.
Aufwachend aus einem Traum,
in dem ich über Wasser gehen konnte,
spürte ich dem Gefühl nach,
das meine Füße dabei hatten.
Nicht glatt wie auf Eis,
eher quetschte sich etwas wie Gelee
durch die Zehen,
darunter aber feste Substanz. Ich ging.
Ob es an der TV-Dokumentation lag
über unsere Ozeane?
Unterwasserkameras zeigten die Plastikunterwelt,
wo unvergängliche Folientüten wie ein Kunstwerk
hin und her wogten, und ich hatte Angst.

Wir ziehen um

Glück gehabt, sechs Jahre nach Kriegsende berechtigt der Flüchtlingsausweis A dazu.

Sonne erst später am Nachmittag und nur in der Küche. Ausgebautes Dachgeschoss, wo über der Dachrinne unter den Dachpfannen die Spatzen nisten. Wir hören ihr Geschilpe, sehen sich die Strohhalme bewegen, wenn Futterzeit ist. Immer was los bei uns unterm Dach.

Die anderen Fenster sehen auf Getreidefelder, einen Bauernhof, dahinter Weiden mit Kühen. Bauer Meyer. Ich schicke die Kinder nach Eiern und Milch, die holen sie in einer Kanne und klettern gleich über den Zaun, um den Weg abzukürzen.

Wenn Kartoffelernte ist, werden Kinderhände gebraucht und die Kinder brauchen Geld für den nahenden Kramermarkt.

Die Kartoffeln liefert der Bauer nach „Probekochen" frei Haus und trägt sie auch in die vorbereiteten Lattenkisten.

Jahrelang, jahrelang.

Der Bauer hat sein Land verkauft
er holt die Milch jetzt „in der Tüte"
heißt es bei Ch. B. irgendwo.

Was ist passiert?

Der Hof wird abgebaut, auch die schöne Baumallee, die zu ihm führte. Erdbewegungen großen Stils finden statt.

Eine Stichstraße entsteht, rechts und links Wohnblocks mit Balkons, auf die wir neidisch gucken. Hinten am Ende ein großes Tor. Dahinter entsteht die Mülldeponie. Bis dahin wurde alles verbrannt, was es so gab, Papier, Pappe, alte Schuhe, Küchenabfälle hatte bis dahin der Bauer für seine Schweine abgeholt. Klar braucht man jetzt eine Deponie und es beginnt die Trennung. Auch kamen andere Materialien auf. Unverwüstliche. Kunststoffe. Nylonstrümpfe, die, vergräbt man sie, „können in hundert Jahren noch einen Panzer aus dem Graben ziehen, holt man sie wieder raus". Fortschritt also auf der ganzen Linie.

Die Deponie erweist sich als zu klein und soll geschlossen werden. Sie kommt an den Stadtrand, wo ein ganzes Gebirge entstehen kann als Ersatz für die Alpen, die, so zeigte ebenfalls eine Doku, beträchtlich schwinden. Auf unserer ist jetzt ein grüner Hügel entstanden. Der Betonklotz, in den Laster fuhren von morgens bis abends, ist stehen geblieben. Sieht fast wie das Brandenburger Tor aus. Denkmal für die Ewigkeit, aber sehr schön das mittlere Gebirge, das entstanden ist durch unseren Müll. Grün bewachsen, Täler, Berge, fit kann man sich halten und walken und trimmen, manchmal gibt es Musik. Ich wohne dort nicht mehr. Manchmal roch es damals, manchmal stank es. Der Graben läuft immer noch dort durch das Gelände und ich frage mich, ob das wirklich nur Moorwasser ist, was da so ölig und schillernd fließt. Ob das mal untersucht wurde, fragte ich mich schon damals.

Unsere Häuser von damals sind ebenfalls neuen gewichen, hatten wohl nicht mehr genug Lebensqualität.

Aber das Gewordene ist schön und geheimnisvoll, will mir scheinen und mir kam in den Sinn, wann fing die Plastikepoche an? Gaben wir Gold für Eisen?

Für unsere Abfälle benötigen wir jetzt Tonnen, blaue für Pappe und Papier, schwarze für den Restmüll, so sich alle daran halten. Grüne für die Küchenreste, mindestens vier Schweine könnten davon gefüttert werden allein aus dem, was in unserem Haus abfällt. Na und dann die gelben Säcke mit Plastik gefüllt. Mehr als ein Gebirge kann daraus entstehen. Schon die Vorstellung, was in einem Ort wie unserem abfällt, lässt mich schwindelig werden.

Heute schäle ich Ananas und harte Früchte, die eigentlich weich sein sollten, eine Menge für die grüne Tonne.

Lebensqualität

ist ein Wort
das einen ins Grübeln bringen kann,
genau wie das Unter-der-Armutsgrenze.
Beides Begriffe, die, will mir scheinen,
nicht recht begriffen werden.
Was heißt das?
Mehr oder weniger sind
Hilfsmittel äußerer Art gemeint.
Ähnlich unter der Armutsgrenze leben zu müssen.
Das musste ich mein ganzes Leben,
rechnerisch gesehen.
Hielt mich aber nie für arm.
Niemals wäre mir das überhaupt
in den Sinn gekommen.
Gott sei Dank wuchs mir mit der Zeit
mein Differenzierungsverstand.
Ich halte mich für privilegiert.

Null Bock nach blöder Nacht,
aber der zeitige Morgen sieht mich im kleinen See,
„der Vogel singt im Sonnenschein",
die Rehe sind heute alle aus ihrer Deckung gekom-
    men
und asen ganz nah.
Ich habe den kleinen See halb durchschwommen,
Lebensqualität zum Nulltarif.
„Aber ja", sagt Mandelstam an einer Stelle,
„ich unterschreibe sie mit beiden Händen."

Am besten gefällt mir Besuch

wenn er zur Erinnerung geworden ist
und die zur zweiten.
Legendenbildung
nennt man das.

Ich habe Lesestoff gesammelt,

der interessieren könnte,
wenn Leerlauf entstehen sollte.
Den aber lasse ich erst gar nicht aufkommen,
weil ich quatsche wie ein Wasserfall,
eher bringt man die Niagarafälle zum Stillstand
als mich.
Und nur Mist!!!

Auf eigenem Mist ist nichts gewachsen,
meine Klugscheißerei
stammt ganz allein aus Büchern.
Das, was hängen blieb
im Gedankensieb,
gebe ich stets zum Besten.
Unmöglich! Kein Mensch ist daran interessiert,
nur ich selbst, ich kann mich nicht
oft genug daran erfreuen und bilden.
Störenfried, der ich bin.

Vielleicht wird „Rosinenpicker" das Wort des Jahres 2016

Merkel zum Austritt der Briten aus dem Verbund der Europäer, Brexit genannt.

Die Ostfriesen legen diese kleinen Trockenfrüchte in Klaren ein. Wenn sie sich voll Sprit gezogen haben, na, dann gute Nacht? Exit! Sie nennen das Getränk Friesische Bohnsopp.

Das soll aber nicht gegen eine gute braune Bohnensuppe gerichtet sein. Die schmeckt immer noch sehr gut, wenn Appetit darauf da ist.

Heute entpuppte sich der Schwan von gestern
als weißer Pappkarton im Badesee.
Gespiegeltes mischt sich im Glase,
Dorf, Vogelhaus und See,
o zarte verletzliche Phase,
in der ich das Heute besteh.

Fiel mir heute beim Fensterputzen ein, denn das Tageshoroskop lautete: Machen Sie lieber mal Ihre Hausarbeiten, als immer nur feiern zu wollen.

Wird in die Tat umgesetzt und deshalb sitz ich hier.

Komme nicht auf den Namen des Dichters, aber googeln, selbst wenn ich es könnte, würde ich nicht wollen, weil das Denkvermögen schwindet, wenn alle Aufgaben von außen gelöst werden.

Erwiesen, dass der Körper seine Produktion von

Vitaminen einstellte, als ihm von außen welche zu-
geführt wurden. Aber ich komme noch drauf.

(Heinz Piontek)

Denkanstoß

Warum denke ich
        ich muss aufschreiben
                was ich denke
denk mal nach
        willst du zum Denkmal werden?
nachgedacht
                warum eigentlich nicht.

Der siebente Sinn hieß eine gute Sendung

früher im Fernsehen zum Thema Verkehrssicherheit.

Das gilt auch für das Leben. Vertrauen wir auf Bewährtes, zu viel Neues verunsichert uns (Alte erst recht) und wir müssen immer öfters den Arzt und Apotheker fragen.

Mit der Zeit lernt man sich immer mehr auf die eigenen Kräfte zu verlassen.

„Wie lange können Sie schwimmen?"

„Keine Ahnung, nicht auf die Uhr geschaut."

Im Vertrauen auf meine Kräfte halte ich mich im Fluss des Lebens.

Das Brot von gestern

Früher hieß es,
frisches Brot sei unbekömmlich
und „erst wird das alte aufgegessen!"
Ich mag das Brot von gestern,
aber, so höre ich,
es darf am nächsten Tage
nicht mehr verkauft werden.

Was für ein schöner Abgang

Ich könnte Testerin sein
für härtere Getränke und auch Wein.
Aber nein,
ich will mich nicht betrinken
nicht im Suff versinken
ganz im Gegenteil!
Ich brauche jemanden
der das Boot vom Ufer löst
auf dessen Planken
schwer liegen die Gedanken
und sie zum Fliegen bringt.
Die Testerin muss keine Kennerin sein
von Düften und Aromen:
schlürf, schlürf „leichter Erdbeer-Brombeer-Duft
beim Abgang ganz leichter
Vanille-Pfirsich-Geschmack …"
Schmatz
es kommt auf die Leichtigkeit an,
die vielleicht schon ein Glas bewirken kann,
das schaffen keine 19 Pillen.

Die allein gilt es herauszufiltern.
Wurde dem Kranken in Urzeiten
nicht Rotwein verschrieben?
Was für ein schöner Abgang!

Misstrauische Alte

Alle Fenster, Türen offen,
ich sitze an der alten Klapperkiste
und schreibe ab,
was nicht abzuschreiben würdig sein mag.
Plötzlich
ein Duft, süß, unbekannt bekannt
zieht von irgendwo zu mir.

Misstrauisch schnuppere, schnüffel ich dem nach,
kifft da jemand?
Im Hause des Herrn mit den vielen Wohnungen
war und ist alles möglich.
Zuletzt beuge ich mich über die Brüstung vom Bal-
    kon: Es ist der blühende Holunder,
der zu mir herauf duftet.

Dass ich mit mir leben konnte,
wundert mich,
aber mit wem wäre es gegangen?

Mich allein erziehend
heißt meine Devise,
weil ich nicht erzogen wurde

Aus heutiger Sicht

Wie modern wir schon waren in den Fünfzigerjahren: Caprihose, Bikini, trägerloses Oberteil. O what for a feeling!

Per Anhalter zum Campen an den Bodensee, Räder hinten auf der Ladefläche. Kaum zu glauben, manche LKW-Fahrer hielten an und nahmen uns mit.

Dann im Sommer jedes Wochenende mit Kind und Kegel zum Baggersee, der blau und tief mit weißem Sand, nur dreißig Kilometer entfernt, jede Südsee übertraf.

Alle Mann mit dem Fahrrad. Kindersitz als Schale vor dem Fahrrad-Lenker, Tagesverpflegung im Korb auf dem Gepäckhalter.

Traumhafte Tage, noch heute gepriesen von uns, den Übriggebliebenen.

Abendlicher Heimweg: der vor ihm auf dem Lenker liegt.

Wer lenkte uns, dass wir das so hinkriegten in allerdürftigster Zeit? Ohne alles, was einen unterwegs sicherte und versicherte, waren wir unsrer Sicherheit sicher.

Manchmal frage ich mich heute, sechzig Jahre später, ob uns alles, was nach uns kam, wirklich bereichert hat.

Immer noch Hochzeitstag

Ich denke hin, ich denke her,
denn Denken fällt mir gar nicht schwer,
mir fällt es schwerer nicht zu denken,
die Gedankengänge mir zu schenken,
denn meistens führen sie ins Leere,
und darin liegt, „so denk ich mal",
die Schwere.
Nun soll mal einer sagen,
ich bin nicht gut,
aber gut bin ich nur,
wenn man nicht guckt,
sang Raabe mal,
kam bei mir an,
doch nicht beim Weitergeben.
„Ich bin gut, wenn man nicht guckt."
Herrlich, ich auch.

Auch mutig

Auf dem Rasen, der zwischen den Wohnblocks liegt, stecken Schilder „Betreten verboten". Jeder Block hat drei Eingänge, allein in unserem gibt es acht Kinder. Wohin mit ihnen?

Stirbt denn die Blockwartmentalität nie aus? Wir, unterm Dach wohnend, Nordseite, no Balkon, ohne Sonne, fanden das unmöglich.

Aber eines Tages nahm ich meinen Liegestuhl, stellte ihn auf die Grünfläche, sonnte mich, zog den Rocksaum so hoch wie möglich wegen der gern braun gesehenen Beine, bürstete nach dem Waschen das nasse Haar trocken und siehe da, nur noch Augen hinter der Gardine, keine Drohungen mehr gegen die Kinder, die anfingen, auf dem Wäscheplatz Federball zu spielen, den alten Pommer, dem schier die Luft wegblieb, ignorierend.

Der Bann war gebrochen. Die Türkin aus dem ersten Eingang kam mit ihrer Decke, ihrem Säugling und gefüllten Weinblättern zum Kosten, dazu, einige der Alten setzten sich auf die Stühle, die ich zwischen die Büsche gestellt hatte, und Schritt für Schritt kam man sich näher.

Nur, ich musste stets die Erste sein, die sich da niederließ. „Bangemann, geh du voran", hieß es, als der erste Minister nach Brüssel ging. Dabei eigne ich mich gar nicht so besonders dafür.

Eines Tages waren die Schilder weg, die das Betreten verboten. – Wer das wohl war?

„Mut zeigt auch der Mameluck,
Gehorsam ist des Christen Schmuck",
heißt es bei Schiller (Der Kampf mit dem Drachen).

Manchmal muss man mehr vom Mamelucken
haben

Wir alle werden irr geboren
Manche bleiben es.
Estragon zu Wladimir
In Warten auf Godot. Beckett
Zu welcher Sorte gehöre ich, frage ich mich.

Das höchste Lob kam von der Königin: „Ich bin begeistert, wie Oldenburg es immer wieder schafft, den Grünkohl neu zu erfinden." Die Rede ist hier von der ersten Weltmeisterschaft, Grünkohlweltmeisterschaft!, die ein „voller Erfolg" war und er habe sich längst zu einem ausgewachsenen Kulturgut entwickelt und Oldenburg international noch bekannter gemacht. Na bitte, wer sagt's denn! Wussten wir doch schon immer, dass er prima in den Winter passt, nahrhaft, schmackhaft, und besonders nach großem Gang durch die winterliche Natur gibt es nichts Besseres. Wenn man die Sieger mit ihren Rezepten liest, kommen leise Zweifel auf, ob man das Ursprüngliche noch retten kann.

Erster Preis ging an den Profikoch Christoph Steinhauser: die Goldene Palme, von der Bürgermeisterin Petra Averbeck überreicht.

Er „überzeugte" mit einem Graupen-Grünkohl-Risotto mit geräuchertem Aal in Tempura und Grünkohl-Chips mit Speck-Salz.

Claus Peter kombinierte Saté-Spieße auf Ente mit Grünkohl und die Silbermedaille gehörte ihm.

Bronze bekam Torben Solheid für ein Grünkohl-Risotto mit getrockneten Steinpilzen, getrockneten Tomaten und gebratenen Riesengarnelen.

Warum ist das so und wie konnte es entstehen, dass man sich so weit vom Ursprung entfernt? Natürlich kann man dies und das hinzutun, so wie

Fleischermeister Didzum zu einer Kundin sagte, als die fragte, ob sie auch Würstchen in die Rouladen wickeln könnte: „Klar, da kann man alles einwickeln, auch Knochen." Vielleicht sollte ein Heft festhalten, woraus das ursprüngliche Gericht bestand, nicht dass es uns damit ergeht wie mit den Tierrassen, die schon ausgestorben sind, und nur wenigen aufmerksamen Leuten gelingt es mühsam, sie wieder zu beleben und zu züchten aus dem, was sich noch davon finden lässt. Aber das, Gott sei Dank, können wir auch noch.

Sterneköche essen selbst am liebsten bei ihrer Mutter Eintopf

Um der Linie Rechnung zu tragen, empfehle ich die Pinkel, die in den Grünkohl kommen, am Vortag in ein wenig Wasser langsam aufzukochen, mit einer Nadel einzustechen und langsam zehn bis fünfzehn Minuten ziehen zu lassen. Über Nacht abkühlen lassen. Fettplatte abheben und mit der entfetteten Brühe den Grünkohl kochen. Seufz. Abschmecken. In den richtigen Oldenburger Grünkohl müssen Pinkel, Kochwürste, Kassler und auch etwas Frisches vom Schwein rein. Hafergrütze verwenden, zum Stabilisieren. Ein Schnaps vor dem Essen, um den Magen vorzubereiten, ist auch wichtig. Und wenn dann die Zutaten und der Kohl dampfend auf dem Tisch stehen, meine Güte, da kann man ruhig mal den Gürtel etwas weiter schnallen. Wer noch kann und will, rafft sich zu einem zweiten Gang auf und freut sich auf morgen, denn dann den Rest in der Pfanne aufgewärmt, ruhig warten, bis er fast angesetzt hat, Bratkartoffeln dazu, da kommt Ärger auf, dass man nicht mehr gekocht hat, denn wie jeder Kohl, je öfter aufgewärmt, desto besser schmeckt er.

2. August 2017

„Alles hat seine Stunde",
sagt die Tochter des Uhrmachers.
Die Ochsen hatten Anrecht auf ihre Zeit,
sonst klappt die Ernte nicht,
hieß es in biblischer Zeit.

Und dann die Differenzierung zwischen klug gehandelt oder richtig, und wenn sich einer beim Italiener nicht für eine Pizza unter hundert Variationen auf der Karte entscheiden kann, nennt man das pathologisch.

Gut, dass bei Fielmann für meine alten Gläser nur zwei Möglichkeiten in Frage kamen. Eine schon zu viel. Braun oder grün. Der Verkäufer entschied: grün, wegen Sommer.

Klug war es nicht, dass ich nach siebzehn Jahren Ehe auf alles verzichtete: Unterhalt, Rentenansprüche usw., aber richtig.

Nachhall

Der Hausherr erläutert,
dass in Domen und Kirchen
in früheren Zeiten
großer Wert auf den Nachhall gelegt wurde:
Der Gesang *verklang* im Raum und Gewölbe.
Heutige Musiktempel
bestechen eher durch moderne,
atemberaubende Architektur
(o Lob und Preis denen, die das ausführen können!)
und alte Musik – und ihre Kenner
vermissen ihn darin,
andere Tempi sind angesagt.
Clean, clever, smart mit Phone
sind die meisten ausgerüstet,
was soll da noch so'n langer Ton
als Nachhall sanft verklingen.
Blechern rufen viel zu schnell
und viel zu laut die Sonntagsglocken,
als Nachbar möchte ich dort nicht leben.

Mein Denken hier, nach dem Exkurs;
mit Liebe hat das auch zu tun,
das ist ein Schenken und ein Nehmen,
beides, lauschend getan,
wird nachhaltige Wirkung erzeugen.

Augustapfel oder auch Klarapfel genannt,

heute wollte ich ihn besuchen,
doch Pustekuchen,
man hat den wunderbaren Baum
einfach abgehau'n.
Schade, ach wie schade,
gerade er ist mir not!
Er schlug die Brücke
zu jenem Klarapfelbaum
   an Großmutters Staketenzaun.

Das war weit hinter Pommern
und gehörte zu allen Kindersommern.
Mehr noch, seine „gefallenen" Früchte
bereicherten spätsommerliche Gerichte,
die vergessen ließen,
Herbst und Winter werden folgen.

Wenn ich einen Baum pflanzen dürfte,
käme nur einer in Frage:
ein Augustapfelbaum.

ZITIERT

„Es wird immer gleich ein wenig anders,
wenn man es anders ausspricht."
Max Frisch, Schriftsteller

Was soll das heißen,
„im falschen Körper geboren worden?"
„Für einen Bucklichten bist du schön",
sagt Gott Vater, nachdem er dessen Klage
vernommen hat, er sei benachteiligt worden,
als er den Menschen erschuf.

Wenn ich zu Hanna kam,

sah ich immer vor der Küchentür auf der Terrasse
ihren Korb mit Obst und Gemüse.
Heute stelle ich meinen, als ich vom Markt komme,
auf meinen Balkon und denke an sie,
die plötzlich im Heim für Demente ist.
„Kennen wir uns?", fragt sie mich,
als ich sie besuche.
Mensch, Hanna!

Diese Zwangsverurteilung durch Unwetter

zu Hausarrest
zeitigt das Beste in mir.
Menschensüchtig
und kein Mensch da.
Papiersoldaten!

Mein Schneider lobt den Stoff der alten Hose,

die ich abhole, und klagt über den Kunststoff, der
heute überwiegt.

Zu Hause suche ich „… neue Lebensweisen er-
fordern neue Materialien und deshalb hat jetzt
Plastik, das ›unsterbliche Furnier‹, Einzug gehal-
ten." Anna Achmatowa zu Anatoly Naimann.

Natürlich hat das bei den Dichtern einen ande-
ren Sinn, aber mir scheint das auch auf den Stoff zu
passen.

Traum-Fabrik

Zwei Träume in zwei Nächten
kurz hintereinander

Der erste:
Ich stelle fest, das Netz, das ich fertigstellen musste,
passt nicht: An drei Metern fehlen achtzig Zenti-
meter. Ich kann zerren, so viel ich will, sie fehlen.
   Was nun?

Zweiter Traum
Ich war krank (was ich in Wirklichkeit nie war)
und muss wieder in die Fabrik.
   Monika ist noch klein, es ist Winter, Januar, Eis
und Schnee, der Kindergarten ist in Kreyenbrück,
die Fabrik in Wechloy.
   Mit dem Rad, sie vor mir im Kindersitz, erst
zum Kindergarten und dann – Ich kann nicht mehr.
   Ich werde Kremmin fragen, ob ich Urlaub haben
kann.

Mein Gott, warum immer noch diese Ängste,
so nah und so ungelöst.
Wie froh bin ich beim Aufwachen:
Ich muss nie mehr da hin.

„**Im 20. Jahrhundert**", lese ich, hat man Wörter abgeschafft, so wie „Stille", und das Wort „Nachbar" bekam einen anderen Klang.

Meiner steigt erst gar nicht aus seinem Auto aus, wenn er sieht, dass er jemanden begrüßen müsste, und wartet, bis der verschwunden.

Anders mein neuer Nachbar, der mit Schätzen vor meiner Tür steht, als er „von zu Hause" aus Kroatien kommt, Paprika, Zucchini, Honig und Wein.

Irgendeiner sagte, für die Menschheit im Allgemeinen gibt es keine Hoffnung mehr, für den Einzelnen durchaus.

Rettung in Sicht, die Menschheit besteht ja aus Einzelnen!

In einem Traum in dritter Nacht

schiebe ich liegend mein Rad einen Berg hinauf durch Eis und Schnee. Unglaublich anstrengend.

Also irgendwas stimmt nicht mit mir. Engelchen, komm, Fenster und Türen sind offen und ein Telefon habe ich auch.

Mitten im See fällt mir neuerdings ein das Gedicht von Schiller, „Der Taucher", ein Riesending mit unzähligen Strophen, das wir verkürzten und „gluck, gluck, weg war er" aufsagten, was natürlich weitere Kürzungen nach sich zieht: Die Glocke: bim bam.

Und Goethes Vers, wer nie sein Brot mit Tränen aß ... – der kennt euch nicht, ihr himmlischen Mächte. „Wer nie sein Brot im Bette aß, weiß nicht, wie Krümel pieken."

Ob die das heute auch noch machen?

Und dann noch im See kommt mir der Gedanke an die Flüchtlinge, die von Ost nach West durch einen Fluss schwammen, und ich versuche sofort ganz, ganz leise und lautlos zu schwimmen, um nicht erschossen zu werden!

Also, Frau Bethke, wird's noch schlimmer? Als neulich jemand vom Kirchentag so angetan war und meinte, da käme der *Glaube* zum Tragen, meinte ich, mich würden Großveranstaltungen immer an Hitler erinnern.

„Kriegsgeschädigt", meinte er, sei ich. Könnte sein. Aber nicht nur, meine ich.

Mein Kurzzeitgedächtnis

ist so kurz,
dass ich, nachdem ich den Hörer aufgelegt habe,
nicht mehr weiß,
rief ich an oder der andere,
und frage mich, als mir erzählt wird
von einer Fahrt auf dem Staffelsee mit Freundin,
war ich denn dort?

Es gab mal eine Zeit,

die hatte gute Sprüche drauf.
Einer davon ging so:
Stell dir vor, es gäbe Krieg
und keiner ginge hin.

Vom sparsamen Kochen

Das Kochen auf Sparflamme
darf nicht übergreifen,
sparsam zu denken, wäre fatal und
bekäme weder dem Koch noch der Köchin
und dem Nichts schon gar nicht.

25.Juni 2017

Ging durch die Leserei
das Leben an mir vorbei?

„... Du weißt, für eine bestimmte Arbeit brauchen
wir ein bestimmtes Werkzeug. Wir sollten uns auf
dieses eine Werkzeug beschränken. Dadurch ge-
wöhnt sich die Hand daran, sie wird geschmeidig
und geschickt, und wir erhalten dabei das Gefühl
für die Maßverhältnisse, das dann in jeder unserer
Arbeiten zum Ausdruck kommen wird ...“
    und
„Du darfst nie an die äußere Grenze deiner
Möglichkeiten gehen, sondern musst darunter blei-
ben. Wenn du drei Elemente anwenden kannst,
dann nimm nur zwei. Wenn du zehn nehmen
kannst, nimm nur fünf. So wirst du alles, was du
nimmst, sicherer und leichter handhaben, damit
mehrst du das Gefühl, Kraftreserven zu haben.“ Pi-
casso zu Francois Gilot, in *Leben mit Picasso*.
    Da sage mir einer, dass Kochen nichts mit Kunst
zu tun habe. Und deshalb frühstücke ich heute
nicht in „Weiß“ auf dem Platz vor dem Schloss,
sondern lasse von sechs Teilen zwei weg und mache
Karo einfach: Schinken, gekochte Nudeln, Tomate
und Frühlingszwiebelchen. Aus der Gurke und der
guten sauren Sahne mache ich ein zweites Gericht:
eine Suppe mit Majoran vom Balkon.
    In der Kunsthalle in Bremen kaufte ich zwei Kar-

ten, eine von Matisse in verschiedenen Blaus und eine von Picasso: einen blauen Engel, der mit einem Affenzahn auf dem Rad unterwegs ist, so gezeichnet, wie wir früher das Haus vom Nikolaus oder den Stern von Bethlehem zeichneten, den Stift ohne abzusetzen führen. Zu wem ich ihn mit meinen Grüßen schicken soll, weiß ich noch nicht, denn wir alle haben es so eilig und er könnte uns leicht verpassen.

Morgens ist mir heute mies. Aufgerafft und zum See geschafft, es regnet, ein Angler und ich. Dann im besten Sonntagszeug bei abziehenden Wolken aufs Rad und ab, aus den abziehenden Wolken wird ein Wolkenbruch und ich schiebe mehr, als dass ich fahre, „singing in the rain", mein Rad ganz zufrieden nach Hause. Herrlich, dann ankommen, kochen, Torte machen, verschenken, und eigentlich gibt es keinen Grund zur Klage. „Genieß den Sommer bei dir zu Hause", rät IKEA auf seinem Flyer zum Wochenende. Ein besserer Rat ist nie erteilt worden.

Wendekreis der Generationen?

Es regnet den ganzen Tag

und ich bemühe mich,
die sieben Arten des Regens zu erfühlen,
die wer? in Musik gesetzt hat,
dazu suche ich mir eine trockene Ecke auf dem Bal-
    kon
und begreife allmählich,
es hat auch einen Sinn,
die Füße im Hause zu lassen
und zu lauschen.

Heute durchbrach etwas eine Verzagtheit

und bestätigte die Überlegung,
zu der ich kam,
was für ein Sinn in meiner idiotischen Einkauferei,
das wenig Planmäßige dabei, liegen könnte
und was scheinbar doch Methode haben muss.
Nachgeschlagen. „Schlag nach bei Shakespeare, da
    steht was drin."
„Ist dies schon Tollheit, hat es doch Methode."
Polonius, Hamlet 2.2

Für meine Großmutter

Fern-sehen ist auch der Blick
in die ferne Vergangenheit,
die so viel näher im Kopf
als die von gestern oder eben noch:
Habe ich nun das Licht ausgemacht oder nicht,
die Pille gegen den zu hohen Blutdruck
genommen oder nicht?
Den Herd ausgeschaltet? Lieber noch mal
zurück und nachgesehen!
O, nicht alles ist lieb und teuer,
was da so aufsteigt und einem durch den alten
Kopf geht!

Merkwürdigerweise sind es bei mir Örtlichkeiten,
die aus alten Zeiten klar und deutlich aufsteigen,
und immer wieder schön
der kleine Blumengarten vor der Veranda,
der Gemüsegarten und der große,
in dem Kartoffeln und Rüben wuchsen,
die Obstbäume standen.
Dazwischen der Hof mit der Linde am Schuppen,
alles von Staketen eingezäunt,
die Großvater, der Zimmermann, gesetzt hatte.

Der große Garten endete
an der Neuendorfer Straße,
wo ich nach Jahren am alten Zaun den
neuen Namen fand:

Shelesnodoroshny. (Stadt an der Eisenbahn)
Zu unserer Zeit: Gerdauen,
und unser Platz war der Plewkaplatz.

Dieser Platz hat viel Platz in meinem Herzen,
dort wo Großmutter regierte,
Herrscherin war über Gärten, Geflügel, Hof
und uns Kinder, die wegen der Verhältnisse,
die nicht so waren, „wie sie sein sollten",
dort sein mussten.
Dafür, dass mir der Geschmack für
die Früchte der Erde,
unverfälscht, echt und pur, sauber, naturgedüngt,
nie verloren ging, hat sie gesorgt,
und dafür danke ich ihr.
Das fiel mir heute ein, als ich mir zu
den Pellkartoffeln
ein Stück von der Mettwurst schnitt,
beides auf dem Holzbrett zerteilte
und die Stücke mit der Hand zum Munde führte.
11. Juli 2017

„Methode Coue

Emil Coue, französischer Heilkünstler, nach ihm
benannte, betont optimistische Lebenseinstellung."
Beides aus dem Zitatenschatz der Weltliteratur.

Nachdem ich das habe sacken lassen
und sich die Lebensgeister wieder regen,
ein Päckchen aus Erlensee
mit 215 Gramm Kirschtomaten und
drei Stängelchen Petersilie.
Wenn das den Spruch von Shakespeare nicht bestä-
    tigt,
was dann!
Da verschmerzt man,
dass sich die Ebereschen schon röten,
von drei kleinen Haubentauchern nur noch eins
    übrig bleibt,
der Nachbar sein Auto erst verlässt,
wenn die Luft rein und kein
Wort mehr gewechselt werden muss,
wenn auf dreißig geschenkte Piepen
kein Piep kommt,
wenn das Buch für die Pferdestudentin
nicht weitergereicht werden wird,
wenn du auf Antwort wartest auf deinen Hilferuf,
aufs Band gesprochen,
und wenn du denkst,
es geht nicht mehr,
kommen von irgendwo Tomaten und Petersilie her.

Und jetzt sehe ich Columbo,
der mir schon sehr lange in seiner Schusseligkeit
auf die Nerven geht,
und weil doch in ebendieser
Methode zu sein scheint,
versteh ich sofort, dass, wenn einer zwei Kohlköpfe
kauft, dazu drei Pfund Gehacktes, die nicht für die
Guillotine bestimmt sein konnten, stattdessen ein
Kopf, er nicht vorhatte, Selbstmord zu begehen.
Also, liebes Leben, sei bedankt,
dachte schon, ich bin erkrankt,
wie konnte ich nur so kleingläubig sein,
am 18. Juli 2017

Das notwendige Rückgespräch endet so schnell,
wie ich gar nicht denken kann:
„Ich mache mein Pokergesicht
und lasse niemand in meine Karten sehen."

„Steht das Rezept auch in *Karo einfach*",

fragt Michelle, meine Nachbarin,
die gestern von meinem Kuchen begeistert war.
„Ja", sage ich und erkläre,
wie einfach er zu machen ist.
„Jaa", meint sie, „aber das kannst nur du."
Das erzähle ich meiner Tochter am Telefon.
„Stimmt", sagt sie.
Töchterchen, warum hast du das nicht mal zu mir
   gesagt?

„Fremderzeugnis",

sagt der Mensch, der mehr als 50 Jahre
meinen home-made-cake gewohnt ist,
als er in die Keksdose blickt,
und macht sie wieder zu.

Der einzige Mensch, der heute,
am 08. Mai 2017 gut drauf ist,

bin ich,
die Alte,
die vor vier Tagen 87 wurde.
Um zehn vor neun
mit einem handgerührten Marillen-Schoko-Ku-
    chen
in der Praxis als Dank für die Geburtstagskarte
und gebe dabei die Antidepressiva zurück,
die mir vor einem halben Jahr
durch die Dunkelheit verhelfen sollten.
„Kann zu Suizidgedanken führen",
stand auf dem Beipackzettel.
Das hätte mir gerade noch gefehlt!
Dann schon lieber in die Küche
zum Kuchenbacken.
Soforterlebnis wie beim Holzhacken.

Vielleicht ist es das, was uns fehlt,
kam mir in den Sinn,
als ich heute den Spruch des Tages las:
(NZW) „Holzhacken ist deshalb so beliebt,
weil man bei dieser Tätigkeit
den Erfolg sofort sieht."   Albert Schweitzer.
Sag ich doch.

Für meinen Bruder Hans

Der Krieg ist anderthalb Jahre vorbei. Fünfzehn Mädchen besuchen die Kinderpflegerinnen-Schule in der Milchstraße. Zwölf Flüchtlinge und drei Einheimische. Eine davon ist Amanda, aus einem Elternhaus mit großem Garten, am Flötenteich. Wir buhlen um ihre Gunst, denn sie hat immer ein tolles Pausenbrot.

Anneliese geht zum Nähen in das Haus und bekommt für ein Kleid nähen fünf Mark. Aber, erzählte sie im Alter, nicht wegen der fünf Mark wäre sie gegangen, sondern, „weil sie mir was zu essen gaben." So war das, gefragt nach der Nachkriegszeit.

Das kam mir neulich in den Sinn, als ich das Wort „Elternhaus" hörte. Wir konnten noch nicht einmal „meine Eltern" sagen, denn:

Maikäfer, flieg,

dein Vater ist im Krieg,

deine Mutter ist in Pommerland,

Pommerland ist abgebrannt.

Flieg, Maikäfer, flieg.

Heute ist der 15. Mai 2017 und Hans, der auf der Flucht verloren ging, wäre heute 89 geworden.

„Zu verschenken", steht auf dem Karton,

der vor der Villa am Marschweg steht. Ich steige ab und sehe nach.

Als ich weiter fahre, habe ich im Korb auf dem Gepäckträger: ein Konfektservice von Hutschenreuther, Gläser von Gral mit wundervollem Schliff, Rautenmuster. Einen „handmade" Teller, den ich später in der Küche unter der Uhr platzieren werde. Was für Kostbarkeiten!

Konfektservice! Schenkte man früher mal zur Hochzeit, in dürftiger Zeit, als es nur schöne Dinge zu kaufen gab.

Toll, einfach toll finde ich meinen Fund. Nicht alles war besser, aber was wir Alten noch wissen: Es gab in plastikloser Zeit mehr Qualität.

Ein kluger Kopf sagte mal, wenn man wissen will, woran es der Menschheit mangelt, soll man auf die Müllberge vor der Stadt gehen.

Zum Konfektessen brauchte man unbedingt ein Service, denn die Stückchen, ohne Haltbarkeitsdatum, waren so köstlich, dass man sie nur in mehreren Bissen auf der Zunge zergehen lassen und zwischendurch auf seinem Tellerchen ablegen musste. Ich hatte auch eins. Wo ist das geblieben?

An die Straße stellte man damals noch nichts.

Greif in die Saiten

Spiel mir ein Lied vom Leben.
Du warst und bist prädestiniert dafür.

24. Dezember 2016

Blick durch die Glastür
auf den verwüsteten Balkon.
Der Engel ist tot.
Er hat seinen Holzkopf verloren
und liegt im nassen Plissee
unterm immergrünen Wacholder.

Danke für gestern,

als 25025 kommt, um meine Gäste abzuholen,
ist es längt Nacht. Bergstraße? Ja, bitte.
Auf Wiedersehen! Winke, winke.
Oben noch Festbeleuchtung.
Ich öffne die Balkontür,
stelle die mitgebrachten Lilien, die sie liebt,
raus, leere die übervollen Ascher,
besehe mir den Tisch
und hole Benjamin vor:
„Wie ein gastlicher Abend verlaufen ist,
das sieht man an der Stellung der Teller und Tassen,
der Gläser und Speisen, wer zurückblieb,
auf einen Blick." Einbahnstraße.
Na, wie war dein Fest, Gastgeberin?
Aber jedes Mal geht am nächsten Tag das Telefon.
„Danke für gestern." Das habe ich übernommen
und weitergegeben.

Und manchmal musste es Maggi sein

Kinderzeit ohne Geschmacksverstärker erforderte manchmal etwas Würze und da bot sich Maggi als kleiner brauner Würfel an.

Für zwanzig Pfennige gab es fünf in einer Reihe. Jedes Kind einen davon auf die Hand und dann mit Hingabe aufgeleckt bis zum letzten Krümelchen.

Salmiakpastillen, kleine schwarze Rauten, zum Stern mit Spucke auf den Handrücken geklebt, wurden ebenso zu sich genommen.

Veilchenpastillen aus der Apotheke am Markt, wer bekommt die schöne kleine Dose?, schmeichelten in ihrer Konsistenz dem Gaumen, gingen auch manchmal.

Der Bauer hat seinem Vieh Lecksteine mitgebracht, „Viehsalz", das die manchmal brauchen, sagt er.

Vor mir in der Schlange am Laufband vor der Kasse türmen sich „5-Minuten-Terrinen" und „Heiße Tassen", die heute statt 99 nur 69 Cent kosten.

Ob die Menschen dessen immer noch bedürftig sind, fragt sich der Maggi-Kenner aus alter Zeit? Trotz Ernährungsberatungen und Aufklärungsarbeit haben sich Produkte vertausendfacht, die mit Geschmacksverstärkern angereichert sind.

Wir waren auch die ersten Schnüffler. Wenn Dr. Brozowski in der Siedlung Hausbesuche machte, standen wir hinter seinem geparkten Auto und

sogen und sogen den Benzindunst ein, den es ver-
strömte.

Sieh hin, was dein Kind macht, heißt es heute,
nach uns sah keiner, ein Wunder, dass wir noch am
Leben sind!

Geruch und Geschmack haben sich eher verfei-
nert im Alter und die Würze des Lebens würzt sich
selbst.

Aber manchmal fehlt so der letzte Kick, so wie
neulich an der Hühnersuppe, die irgendwie fade
blieb im Geschmack. Da hätte, na?, vielleicht solch
ein Spritzer aus der kleinen Flasche gefehlt, die seit
mehr als hundert Jahren ihr Aussehen unverändert
hält. Mal sehen, was die kostet?

Es muss doch Liebe gewesen sein

„Kuhn", stellt sich der Mensch mit Krückstock vor, und „Werner W. war unser Nachbar."

Ich sage: „Sehr angenehm, Bethke."

Während ich mich setze, frage ich mich, woher der weiß, dass Werner W. mein Mann war? It's long ago. Mehr als fünfzig Jahr' her.

Wir sind vier People, die Zeitzeugen sein sollen bei einem Projekt. Jahrgang 1925, 29, 30 und 37.

Was hat Kuhn mit Schmelzkäse zu tun? Und Schmelzkäse mit Werner? Assoziationen aus fernen Zonen steigen auf.

Vor Wochen war ein Rezept für einen Sonntagsstuten in irgendeinem Heft, das mir einleuchtete und zu dem man Schmelzkäse benötigte, und seitdem sind mir Werner und der Käse im Kopf.

Diese Zeiten damals! Lange Rede, kurzer Sinn, Schmelzkäse, Adler, diese runden Schachteln mit den Ecken, je ein Achtelchen, schwer, gibt es heute noch!, bekam er mit zur Arbeit auf Schwarzbrot, viel zu oft!

Niemals hat er aufbegehrt, nie sich beschwert, denke ich mir heute so. Ob der das immer gegessen hat?

Worüber man nicht sprechen kann, darüber muss man schweigen, heißt es.

Vielleicht werde ich es jetzt los, denn ich habe 200 g von diesem Käse besorgt, auch Hefe, und es ist ein Superstuten geworden.

Vielleicht ein andermal mit Kräuterkäse, Werner? So schließt sich der Kreis, das verstehe, wer da will.

Hier das Rezept:
500 g Mehl sieben
¼ Liter warmes Wasser
200 g Sahneschmelzkäse
½ Würfel Hefe
1–2 Essl. Zucker

Alle Zutaten in die Backschüssel geben, mit dem Knethaken zehn Minuten verkneten. Weil ich keinen habe, nehme ich den Holzlöffel mit Loch und meine Hände. Gehen lassen, nach einer Weile erneut kneten und einen Laib formen, in eine eingefettete Form geben, noch mal gehen lassen und im vorgeheizten Ofen bei ca. 200 Grad ca. 50–60 Minuten backen.

Werner, morgen bekommst du Stuten mit, von Hand geknetet und liebevoll eingepackt. Daran kann es nicht gelegen haben, nicht wahr?

Wir Armen

könnten reicher sein
wenn wir den Super-Reichen
nicht auf den Leim gingen
und ihre Super-Angebote
ignorieren würden.

Jahreswechsel 16/17

Auf dem videoüberwachten Platz
soll gefeiert werden.
1500 Polizisten, ausgerüstet wie für einen Krieg,
erwarten beide Seiten:
Antänzer und das Volk,
das aber kommt nicht,
weil es, so be- und geschützt,
nicht mehr feiern will.
Es folgt einem neuen Mainstream
und tanzt privat.
Was nun, was tun?
Feiern! Tanzen und feiern!
Polizei und Antänzer sollten zusammen
ein Tänzchen wagen
und mit den Schulterkameras der Polizei
viele Selfies machen!
Zeigen, wie es geht.
Wäre das nicht schön?
Und die Medien bekämen Stoff
für eine positive Berichterstattung,
die sich durch das neue Jahr
wie ein roter Faden ziehen könnte,
bis zum nächsten Fest.

4. Januar 2017

Ein halber Tag aus dem Leben der Rentnerin Ch. B.
Weil seit einem Kaufrausch vorgestern vier neue
Teile in meinem Ein-Meter-Kleiderschrank hängen,
soll eines davon heute helfen, mich „aufzuhüb-
schen."

Leider, leider, mit neuen Kleidern ist das so eine
Sache bei alten Leuten und ich frage mich, liegt es
nur am Spieglein an der Wand im Laden und zu
Hause spiegelst du mir nichts mehr vor?

Also noch mal beguckt, noch mal dies und das
erwogen, dann aber Mut gefasst, den dunkelblauen
Pullover mit dem so „sehr gut sitzenden Halsaus-
schnitt" eingepackt, Belegzettel dazu und bei Sturm
und Wetter hin.

Meine Verkäuferin, heute nicht mehr ganz sooo
nett, ist einsichtig, „da kann man schon leicht den
Überblick verlieren", sie meint damit die vier Teile.

Aber statt Kleiderbeleg habe ich den Beleg für
die neuen Schuhe mit. Macht fast gar nichts, ich
hole den richtigen von zu Haus und die fünf Kilo-
meter bei dem Wetter machen mir nichts aus.
Schließlich ist man noch fit und hat eine Zwangs-
manie: Was weg muss, muss weg.

Alles klappte, Geld zurück. Es hat sich aber was
Neues festgesetzt: Auf dem Weg zu meinem abge-
stellten Rad muss ich am Lederladen vorbei und
sieh an, *das* Täschchen! „Fritzi von Preußen" steht
darauf. Weinrot, doppelte Funktion, einmal als

Shopper über der Schulter zu tragen, einmal als Unterarmtasche.

Die entzückende Verkäuferin macht mir das vor. So stelle ich mir die Fritzi vor. Nappa, weich wie der zurückgebrachte Pullover es hätte sein müssen.

Ich bitte um Bedenkzeit und steuere erst mal den Fleischer an.

Mir kommt ein Fetzen von Solveigs Lied in den
Sinn (Grieg)
„… ich will auf dich warten, wo immer du bist …“,
oder „bin ich?“

Egal, ich singe es vor mich hin, leise, damit es schön
sehnsuchtsvoll klingt, und denke dabei,
mir reichen Erinnerungsfetzen aus,
keine ganzen Stücke mehr notwendig
und ein kleiner Trip kann viel mehr sein
als eine große Tour.

Seitenverkehrt

Wir beide sind
die beiden Seiten derselben Medaille.
Rücken an Rücken,
nicht zum Entzücken füreinander,
bekämpfen wir uns.
Warum eigentlich?
Für gemeinsam bestandene Vergangenheit
haben wir sie als Orden verdient.
Es gibt keine bessere Hälfte, Tochter

5. März 2017

Wieder mal geschafft

Seit mehr als 25 Jahren bin ich nun Renterin, und noch immer weiß ich, wie wir uns in der Fabrik auf den Feierabend freuten, nur um nach Hause zu kommen! Anzukommen, wo einem „keiner was konnte". Aus der Zeit stammt dieses Gedicht.

du hast es wieder mal geschafft.
viel zu müde,
um an produktion
zu denken,
kommst du nach elf stunden heim.
du machst dir 'nen kaffee
füllst deinen blechtopf
für den nächsten tag
und stellst deine runden füße
in den eimer.
du hast es wieder mal geschafft,
der maschinenlärm
machte dich (noch) nicht verrückt;
du warfst (noch) keinen stein
in die milchglasscheiben,
um das licht zu sehen.
die sechs kilometer stehend im bus
konfrontiert mit dem volk
der dichter und denker
ließen dich nicht ausflippen.
eigentlich hast du
einen orden verdient.

„Matt oder glänzend",

fragt der Mensch im Fotoladen, als ich einen Film entwickeln lassen will, den er erst aus dem alten Apparat nehmen muss (und einen neuen dafür einlegen soll), weil ich das nicht kann.

Auslaufmodell, Oldtimer wie ich, macht aber die schönsten Fotos der Welt. Gibt er zu, und: „Für den gibt es bald keine Filme mehr."

„Glänzend", will ich sie haben, 9 x 13 die Größe, passen gut in einen Brief, wenn Thema und Foto zusammenpassen.

Vielleicht erledigt sich das von selbst: Weil jeder heute „do it yourself" macht, bin ich fast immer der einzige Kunde und fürchte, dass beim nächsten Mal die zigste Pizzeria in dem Laden sein wird.

Sprach nicht jemand vom Abend mit dem Fotoalbum im Alter? Erinnerungen nachhängen?

Fifty-fifty

Um den Nachhauseweg abzukürzen,
gehe ich über den Schulhof.
Es ist gerade Pause.
Liegt es am Hörgerät,
dass es mir wahnsinnig laut vorkommt?
War es das früher auch schon?
Wenn damit verbunden
alle „mitgenommen" werden
und keines der Kinder am Zaun stehen muss,
lasse ich es gelten.
Wenn du so alt wie diese Kinder,
würdest du das gleiche Leben noch mal wollen,
frage ich mich beim Weitergehen.
Fifty-fifty,
und verzichte weise
   auf erneute Lebensreise.
       3. Februar 2017

Immer wieder, jedes Jahr

Wie wenig wir voneinander wissen,
auch wenn wir uns seit mehr als
siebzig Jahren kennen,
sehe ich an den beiden Blumenschecks a zehn Euro,
die ich gleich weitergebe,
weil mir der Nerv dafür fehlt.
Wie gern würde ich Kulturbanause
für Zwanzig einen Einkauf machen:
1 Fl. Pott, ein Steak, eine Primel für 79 Cent,
und tolle Briefkarten,
um mich standesgemäß zu bedanken.

„Nur für kurze Zeit"

sollte über unserem Leben stehen
wie auf den Angeboten der Märkte.
Alles läuft schnell ab.
Während das Warenangebot
sein Verfallsdatum bestimmt,
fehlt es bei dem Verbraucher.
Mensch, beeile dich,
damit du noch was davon mitbekommst.

Altersdepression

Schlinge oder Klinge?
Paracetamol und Alkohol?
Eine Frage, die mich schwer beschäftigt.
Eine Fahrt in die Schweiz,
mit zehntausend Euro in der Tasche
geht auch, alles inklusive.
Wer fährt mit?
Der Tote muss identifiziert werden.

4. Februar 2017

Der Bundestag erhob sich zu einer **Schweigeminute**
Tue ich auch
und gedenke derer,
die mir gut waren
und auch der anderen,
die nicht mehr da.
eigentlich
müssten wir alle uns erheben
und derer gedenken,
an die nie gedacht worden ist.
Müsste eingeführt werden

Wie weit wir schon voneinander entfernt sind!

Sagen Haft.
Sagenhaft, dass wir uns nichts mehr
zu sagen haben.
Hatten wir uns denn jemals was zu sagen?
Fragen, die mich beschäftigen.
Fragen an einem Wintermorgen
mit Blick auf den zugefrorenen See,
und seine Assoziationen.

Meine Vergangenheit
ist mein Kapital
für Gegenwart
und Zukunft.

16. Januar 2017

Seltsam, diese Wintermorgen
so mit warmer Küche
(in der noch der Geruch von gestern ist).
Radio, Zeitungslektüre, Kaffee.
Immer wieder Blick auf die Uhr an der Wand
und aus dem Fenster,
wo durch den frostigen Nebel der bereiften Bäume
ein grünes Blinken über den kaum sichtbaren Geh-
    weg irrt.
Ein Hund, den sein Herrchen so ausgestattet hat
in der gefährlichen Welt von heute.
Der Wandkalender zeigt das Datum,
an dem wir vor genau 72 Jahren
ohne grünes Licht
Haus und Hof verlassen mussten.
Zeiten der Entwicklung begannen,
die schwer zu erarbeiten waren.
Nur daran dachte ich beim Blick aus dem Fenster
und das grüne blinkende Licht sah.
Haus und Hof?
Nicht viel,
aber irgendwie gab und gibt es
Sicherheitsgefühl
in der frostigen Nebelwelt von heute.

Außen vor

Im Radio Reportage über den Freitod eines alten Ehepaares, das zu diesem Zweck in die Schweiz fährt, weil das hier bei uns nicht sein darf. Sie sind beide in zweiter Ehe miteinander verheiratet, haben Kinder jeweils aus erster Ehe und gemeinsam eine Tochter, die eingeweiht ist, aber ablehnt, die Eltern zu begleiten auf dieser ihrer letzten Reise. Zu schwer scheint ihr das. Auch der Pfarrer will nicht mit, weil das nicht seine Richtung ist, schon allein aus Glaubensgründen. Die Reporterin wird mitfahren und auch, wie das dort Vorschrift ist, das Paar nach dem Tode identifizieren.

Die Gespräche werden vor dem Mikrofon geführt, alles ziemlich sachlich und wirklich ohne Emotionen. Alle beide sind klar im Kopf, nur merken sie, dass sie allmählich kräftemäßig nachlassen, und weil sie nicht zum Pflegefall werden wollen, dieser gemeinsame Entschluss. Freunde, Bekannte, Nachbarn, niemand wird eingeweiht. Das bleibt der Tochter überlassen, der sie einen Brief für diesen Kreis vorbereitet haben und der nach ihrem Tode überstellt werden soll.

Das alles wird auch vorgelesen und besprochen. 20 000 Euro kostet das für alle beide, es gab Besprechung mit dem Verein, der das in der Schweiz möglich macht. Alles ganz legal, mit Einschaltung der Polizei und ausgeführter Identifikation der Toten. Zu diesem Zweck hat der Verein eine Wohnung angemietet, in der die Angereisten den letzten Abend verbringen, eingeweiht werden über die Funktionen, die der Sterbeapparat hat, und wie er zu bedienen ist. Man liegt, der Schlauch, der mit der Vene verbunden ist, muss selbsthändig vom noch Lebenden betätigt werden; die Kanüle geöffnet, erst fließt die Infusion ganz langsam, damit der Todeskandidat noch im allerletzten Moment die Möglichkeit hat, abzustellen und ins Leben zurückzufliehen. Ist das alles richtig? Wer will das beurteilen und wissen. Also Zehntausend genommen und ab dafür?!

Die waren nicht so alt, wie ich es bin. Gehobenes Niveau eindeutig, aber denke ich morgens im Bett, die hatten bestimmt nicht diese Ups and Downs, wie ich sie habe, denn in den finstersten Zeiten weiß ich immer um das Glück, das das Leben selbst sein kann und das nicht vom anderen abhängig sein darf. Irgendwas empört mich daran und irgendwas zieht mich daran an. Und die sind doch zu zweit!

Nur, weil sie nicht zum Pflegefall werden wollen? Wer sagt ihnen denn, dass sie es überhaupt werden? Keiner hat sie beeinflussen können, nicht der Hausarzt, nicht der Pfarrer, nicht ihre Kinder.

Zuletzt bestimmen sie, als die Tochter sich doch entschlossen hat zu kommen, sie wünschen es nicht, wegen der Tochter eben. Sie müssen ein tolles Umfeld gehabt haben, Freunde, denen sie den Anblick ersparen wollten, wenn sie mal hinfällig geworden wären.

Wer möchte das schon. Da müsste es ja reihenweise Selbstmorde geben.

Hier sind die Hausärzte gefragt, die einem bis zuletzt zur Seite zu stehen haben. Man kann sich ja nun nicht erschießen wie Gunther Sachs, der, als er merkte, er wird dement, stimmte das denn überhaupt?, ebenso seinem Leben ein Ende setzte. Es gibt bestimmt Möglichkeiten und Menschen, die davon kein Aufheben machen, weil sie das Richtige für sich wissen, und die bestimmt Hilfe bekommen, nur spricht man darüber nicht.

Vielleicht beim Twittern? Das wäre überhaupt das Thema, auch für die vielen Talkshows geeignet. Mich hat das alles schon als Kind beschäftigt und ich fragte danach. Das lag wohl auch daran, dass wir am Kirchhof wohnten, wo man die imposanten Trauerzüge sah. Ich hatte immer Angst, heute noch, vor dem eventuellen Aufwachen da unten und stellte mir vor, oben auf dem zugeschütteten Grab sollte eine Glocke stehen, an der man ziehen könnte …

Aber „Mut hat auch der Mameluck, Gehorsam ist des Christen Schmuck", zitierte das Monument. Mit der hätte ich darüber sprechen können, die hätte auch gewusst, wo das steht, mit dem Mameluck. Nachsehen.

Nüchterner Abschied am Abend, morgens Identifizierung. Sie liegen beide angezogen nebeneinander auf dem Bett, halten sich an den Händen, sie hat sich ein Tuch um Kopf und Kinn gebunden, damit der Mund nicht offenstehen kann, was ja auch kein schöner Anblick ist. An alles gedacht. Das Monument im Krankenhaus, als sie sieht, wie die Ärzte auf ihr Krankenblatt sehen 94!: „Schlagt man uns doch tot, uns Alte!" Mutig Mameluck!

Das wiederholte sie mehrmals.

Ich denke, dass mich der innere Monolog gerettet hat – und das Papier. Wäre das richtige Wesen mit mir zusammen alt geworden, wer weiß, wie ich mich entschieden hätte, aber als ich meinte, ich hätte solch ein Verhältnis gehabt, und es beendet wurde durch höhere Gewalt, kam aber schon gleich ein Ahnen vom Zauber, der „im neuen Anfang liegen kann."

Genug, du kluger Zeitgenosse, die Welt geht unter, lauter Krisen und dann auch noch Trump, der neue Präsident der USA, der genug Stoff liefert für sämtliche Sender der Welt, und die Türkei, die bisher tagfüllend war, vergessen lässt. Erdogan. Bei mir läuft jetzt „Radio first". Hören ist besser ohne Bild; Musik ist schöner ohne die fuchtelnden Dirigenten und ohne Fiedler. Zurück zu meinen Todesmutigen in der Schweiz. Für Freunde, Kinder und „alle, die sie lieb hatten", wäre ein gemeinsamer Tod erträglicher gewesen. Am besten vielleicht Titanic oder Karambolage.

Was meinst du dazu, Leser? Schreib mal, damit mal Post im Briefkasten liegt!

Der Mameluck? Schiller *Kampf mit dem Drachen. Gedichte*. Zitatenschatz der Weltliteratur.

„Hitlers Mädchen"

Eiskalte Sonne, eiskalter Wind
und wieder muss das Kind
in dir auf die Flucht.
Wie eine Sucht,
kommt jedes Jahr im Januar
der Zwang, die Manie.
Bist Krankenschwester in Braunsberg am Haff:
Lazarett im einstigen Schulgebäude.
Es ist das Erste nach der Front.
Halbierst Erkennungsmarken aus Blech,
viel zu jung, um das zu begreifen,
viel zu spät über das schon schmelzende Eis
errreichst du den Hof mit Müh und Not.
Hilfe, wo sind die Betreuer!

Heute Gang um meinen Badesee:
eiskalte Sonne, eiskalter Wind.
Blauer Himmel.
Wildgänse auf den vereisten Wiesen,
Möwen und Enten im noch offenen Wasser.
Die richtigen Sachen an:
Jacke aus gutem Stoff,
die Schuhe wasserdicht.
Im Windschatten einiger Bäume
wärmt die Sonne schon.

8. Januar 2018

Runter vom Rad und gesprochen

Heute treffe ich bei „Irma" im Gang mit den Fla-
schen (Witwentröster), *mich*.

„Wie gehts?"

„Gut, und selbst?"

„Ach, ich war im Krankenhaus."

„Wieso das denn?"

„Zusammenbruch."

„Zusammenbruch, wie äußerte sich denn der?"

„Ganz einfach, ich lag am Boden und konnte
nicht mehr."

„Gab es denn etwas Bestimmtes, was dafür An-
lass gegeben haben könnte?"

„Vielleicht. Ich arbeite seit vierzehn Jahren als
Floristin im Blumenladen am Friedhof. Ich wusste,
das wir eine zu viel waren, war aber nicht gefasst
auf den Ton, in dem mir mitgeteilt wurde, dass ich
es bin, die zu viel ist."

„In welchem Krankenkhaus waren Sie denn?"

„In Wehnen." (Psychiatrie)

„Wie lange waren Sie dort?"

„Vier Wochen."

„Aber Sie sehen gar nicht krank aus, ganz im
Gegenteil richtig gut."

Sie freut sich, sehe ich, über dieses Wort. Sie ist
schlank, gut gekleidet, geschminkt, jünger als ich,
die Haare gefönt, eine schöne Frau.

„Ich habe dort einen neuen Mann kennengelernt",
strahlt sie.

(Menschenskind, denke ich, ob ich da auch mal hinsollte?)

„Ich konnte nicht mehr. Das war aber nur der bewusste Tropfen, der das Fass zum Überlaufen brachte. Ich leide dermaßen unter dieser Sprachlosigkeit heute, dass ich mir Gillette Klingen gekauft hatte, extra scharf ...“

„Und ich habe neulich das Heizungsrohr im Badezimmer getestet, ob es den Strick halten würde mit meinem Gewicht, denn das habe ich.“

„Verstehen Sie denn, den Knoten zu machen? Der muss doch gleiten?“

Allmählich begreifen wir, wie absurd unser Gespräch wird, und außerdem werden wir zum Hindernis im Gang mit den Tröstern.

„Er ist reizend zu mir, will, dass ich zu ihm ziehe.“

„War er auch krank, was hatte er denn?“

„Vor zwei Jahren seine Frau verloren und wurde damit nicht fertig.“

„Und?“

„Ich will aber nicht, auch nicht, dass er zu mir zieht. Mal was unternehmen, wunderbar, aber zu viel Nähe ertrage ich nicht mehr. Mir fehlt einfach das Wort.“

Spontane Umarmung.

„Besuchen Sie mich mal. Die rote Jacke steht Ihnen gut, denke ich immer, wenn ich Sie auf dem Rad vorbeifahren sehe.“

Es ist die Frau vom Badesee, fällt mir ein, die ich

ohne Brille im Wasser nur undeutlich erkenne und
von Weitem mit der Hand grüße. Wenn ich sie das
nächste Mal erkennen sollte, runter vom Rad und
gesprochen.

Ist das Gott?

Niedergeschlagen wegen nichts,
Quälst du dich durch deine Tage.
Du verneinst dich,
Bist tot –

Dann aber –
Auf einmal hast du ihn wieder:
Den großen Atem!
Befreit gewahrst du,
Dass es noch einen Himmel
Und eine Erde gibt.

4. Januar 2018

Als ich heute aufwache,
ist der Wind von gestern eingeschlafen.
Die Bäume vor den Fenstern stehen still.
Graues Licht fällt ins Zimmer.
Zehn vor Sechs. Gerdauen, Winterzeit, Fluchtzeit.
Wenig Vertrauen in die Vergangenheit,
auch wenn alles noch so vertraut.
Warmes Kinderkörperchen an sich drücken,
noch etwas liegen bleiben, zusammen,
Fingerspiele, singen, nicht zu Trauriges
erzählen, Märchen erfinden.
Kinderarme: „Ich hab dich so lieb."
Steh auf, Mensch!

Der Dauerregen hat aufgehört.
Heute kommt die Sonne.
Um den Badesee wandern,
Tankstelle alte Eiche besuchen,
einkaufen: Fisch, es ist Freitag.
Von den geschenkten Kiwis und Äpfeln
Kompott kochen,
heute vielleicht mit einer Banane
und einem Schüsschen?
Siehste wohl, geht doch.
Es ist neun Uhr fünfzehn
und du bist gut drauf!

Theater

Ach du großer Vater,
jetzt spielt sie auch noch Theater!
Wir spielen ein Stück unseres Lebens nach.
Alles vergebens,
unser Nach-Spiel bleibt schwach:
hölzern der Gang, monoton der Gesang,
und plötzlich begreift man, was dazu gehört
bis einem Fremden fremdes Schicksal erklärt.
Doch bleiben wir cool,
wir haben Uhl,
der uns geschickt über die Bretter führt,
die die Welt bedeuten sollen.
Der geschickt uns lehrt,
nach bestandener Gefahr
wieder tanzen zu können.
Wir lernen bei ihm
das Leben ist bunt, es ist schön,
wenn alle zusammen gehn
und ganz unbenommen,
zusammenwachsen wird auch schon noch kom-
men,
denn eines Tages sterben wir,
aber alle anderen nicht.
Na, ist das ein Gedicht?

Bücher von Christel Bethke

Christel Bethke
Karo einfach
Übers Essen und
Trinken
und über das Leben
232 Seiten,
12,99 Euro
ISBN 9783743188075

Christel Bethke
Rückenwind
Gedankensplitter
92 Seiten, 8,99 Euro
ISBN 978-3-7412-1177-5

Christel Bethke
schärft unseren Blick
und öffnet unseren Gaumen für die »einfachen«
Genüsse. Ihre Rezepte würzt sie mit dazwischen einge-
schobenen Erinnerungen und Gedanken, die oft auch
wieder Rezepte sind und dazu auffordern, die guten
Dinge und Seiten des Lebens – seien sie auch noch so
unscheinbar – zu erkennen und zu genießen.

Die Texte Christel
Bethkes sprechen von
Mit- und Nebenmenschen, kleinen Alltagsbeobachtungen
sowie von dem, was aus der Welt da draußen in den Alltag
eindringt und dort plötzlich nicht bedeutender scheint, als
das Zubereiten der nächsten Mahlzeit.

Christel Bethke
**Weiße Schatten über
fremden Spiegeln**
Alte und neue
Erinnerungen an
Ostpreußen
5. Aufl., 272 Seiten,
14,90 Euro,
ISBN 978-3-3-7392-0763-
6

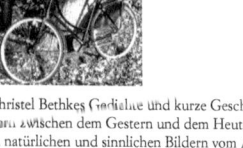

Christel Bethke
**Ich bin die Freude meines
Alters**
Alte und neue Geschichten
256 Seiten, 9,90 Euro
ISBN 97837347782503

Zu schreiben begann Christel Bethke erst spät, wobei
sie Erlebtes und Erinnertes ebenso verarbeitet wie
Gehörtes und Gesehenes.
Hier liegen nun endlich wieder die Erzählungen der
Autorin vor, in denen sie sich an ihre ostpreußische
Kindheit erinnert und von mehreren Reisen in die alte
Heimat berichtet. Aber sie verharrt nicht in Erinne-
rungen, sondern setzt Erlebtes und Gesehenes immer
wieder in Beziehung zum Lebensalltag in unserer Zeit.

Christel Bethkes Gedichte und kurze Geschichten mäan-
dern zwischen dem Gestern und dem Heute. Sie erzählen
in natürlichen und sinnlichen Bildern vom Alltag des
Alterns und von menschlichen Merkwürdigkeiten, von
denen manche sich auch nicht vom Älterwerden aufhalten
lassen.

Dabei kommentiert die Autorin das Leben, das sie täglich
um sich herum beobachtet, ebenso, wie ihre Erinnerungen
an alte Geschichten mit lebenskluger Toleranz. Das macht
ihre Texte über Generationengrenzen hinweg lesenswert.

Über Ihre Buchhandlung oder im Online-Buchhandel erhältlich